passion

of the books, by the books, for the books

Namo Manase

末那皈依

錢 文 忠

序

湯一介

我認識文忠已經十五六年了，當時他是一個剛過二十歲的青年學生，是季羨林先生很是看重的弟子。一談之下，就感到這個年輕人不僅聰慧過人，而且博聞強記，知識面之廣，很是令人吃驚。當時很爲先生慶幸，終於獲此理想之傳人！私心認定文忠一定能在先生的培育下，領軍於中國新一代傑出學者。

不想世事多變，雖經我們多方奔走努力，文忠畢業後仍然未能留在北大繼續他的研究，如此人才流失，令人痛心疾首，無疑是北大的一大損失！此後，文忠流落京滬，連登記一紙平民戶口亦數年而不可得！一九九九年，我去香港教書，無意中讀到一九九九年七月的《香港書評》，一則大標題赫然在目，是「中國學術界的希望——《瓦釜集》及其作者錢文忠」！文章對文忠的學思歷程做了簡要介紹，最後說，很多人以爲陳寅恪、錢鍾書之後，中國學術界後繼無人，而今，「有了錢文忠這樣的青年才俊，頓時令人覺得中國學界還是有希望」。我認爲這樣的評價並不爲過！

一九九〇年，文忠離開北大後，我們仍常有往來。因他梵文造詣頗深，我在講佛經有疑難時常向他請教。今年（二〇〇五年）九月由孔子基金會在北京召開「季羨林研究所」成立大會，我雖在病中，但這個會必得參加。主持人臨時讓我講幾句話，由於我全無準備，一時不知講什麼好。我未曾直接上過季先生的課，但一向視先生爲我最敬重的老師。要講先生的爲人、爲學，也許幾天也說不完，突然想到孔子總結他自己爲人、爲學的兩句話：「學而不厭，誨人不倦。」我想，用這兩句話來概括先生也是很恰當的。在談到先生的「誨人不倦」時，我提到新任命的「季羨林研究所」副所長錢文忠，認爲文忠的古今中外學術和多種語言基礎都有條件足以步先生之後塵，使先生的爲人、爲學都得到繼承，並發揚光大。近日粗讀文忠的《末那皈依》更感到我以上的信心和期待不會錯！

「末那皈依」是指一種精神覺悟，是指在更高的峰巔，以更深的智慧回首浩瀚紅塵。應該說《末那皈依》這本書是本世紀初的一部很重要、很有特色的心靈史、精神史、學術史。這裡沒有什麼框架體系，也沒有什麼「宏大敘事」，有的只是瞬間一覺、人間摯情、心靈交會，然而，這就是構築人類歷史最可寶貴的原材料，是串聯崇高殿堂的散見的珍珠。如果歷史不是先有「構架」，後找事實「塡充」，而是從事實碎片出發，匯集爲歷史洪流，那麼，文忠書中極爲寶貴的歷史片段，就是建立歷史大廈的磚瓦木石。清末以來，由於西學的輸入，中國學術進入了一個重大的轉型期，總結這一百多年來的中國學術的發展，無疑對中國學術今後的發展至關重要。文忠的文集定名爲「末那皈依」可能即有此意。這本文集對清末以來的衆多學者進行了個案研究，不僅總結他們的學術思想，而且自內而外，對他們的心態思緒、爲人風範都做了他人力所未逮的歷史分析和情感分析，這是十分難能可貴的。

百年來，我們已有梁啓超的《中國近三百年學術史》，還有錢穆的同名著作，這對我們研究清初至民國初年的學術史很有幫助，但我們還沒有一本對清末以至整個二十世紀中國學術的發展演變進行系統研究的書。特別是百餘年來，我國學術界在翻譯、介紹、研究西方學術文化方面，已經取得了可觀的成果；與此同時，在與西方文化的交流中，中國自身文化傳統的研究也在不斷深化，有了不可忽視的新進展；又加以近日新出土文獻之豐富，及對其研究的重大成就，也許，可以說我們已經到了可以撰寫一部《中國百餘年學術史》的時候。這將會大大推動我國當今的學術研究向縱深發展，使我們得以從對中國傳統學術文化和二十世紀傳入的西方學術文化「照著講」的階段，進入以創新、開拓爲本的「接著講」的新階段，也是中國學術文化將對人類做出更大貢獻的新階段。我認爲文忠將是撰寫《中國百餘年學術史》的最佳人選之一。我們期待著能早日看到他爲總結中國百餘年學術發展做出劃時代的貢獻。

目次

人物

歷史

人物

神州袖手人陳三立

中國社會歷來採取官本位，儘管上有不測君威，一門數公或數代顯宦倒還是不絕於書的。如此說來，稱得上「名父之子」與「名子之父」的當然大有人在，身兼此二者當亦不在少數。

然而，何以至今仍能不時從人們記憶中泛起者，「名父之子」已然不多，「名子之父」就更是寥寥呢？細想起來，箇中緣由也並不算複雜。既然以官爲本位，固宜視現實事功爲圭臬，事功自不能脫離時代而言，那麼時過境遷滄海桑田之後，幸能不被歷史長河沖刷淘汰者幾希。父既不存，子將焉附？至於「名子之父」，上述理由也同樣適用之外，更有旁說。至少降至一個世紀以前，「母以子貴」和「妻以夫榮」方是符合中國傳統倫理備受艷羨的正理，而「父以子顯」因了一代不如一代的底蘊，原本就和微妙的傳統心理抵觸扞格。古時有條是否明載於文尚待查考而確實時見於行的規矩，子既爲官開府，老太爺倘若自己不爭氣，照例不能如老太太一般堂而皇之走中門硬進硬出，只可由邊門軟進軟出。當然，吾華盛產溜鬚拍馬之徒，想來必要老太爺走走中門，老太爺如果盛情難卻，兒子很難不順水推舟。父以子貴而受重自可，仗子自重則不宜。至於子成顯宦後可爲祖先請求封典，則以彰顯以孝治天下爲旨歸，完全是另一碼事。由是，若以「名子之父」稱人，雅則雅矣，卻失於謔。「名子之父」遂少爲人知，更不必說「名父之子」兼「名子之父」了。

話雖如此，讓人心口俱服的「名父之子」、「名子之父」、「名父之子」兼「名子之父」畢竟還是有的，前提是必須至少同時滿足下列條件：必須數代精華，君子之澤三世不斬；三代之內不能盡以同一領域爲舞台，否則自有無聊後人妄加雌黃，祖孫之間高下立判，後勝前固然於祖爲榮，子孫卻未必心安，前勝後則有每下愈況之嫌，更是祖孫不寧；每代必須至少在立功、立言、立德中的一個方面有足以彪炳千秋的成就，還不能在任何一方面留有供人疵議的缺陷。

苛則苛矣，難則難矣，然義寧陳氏一門可當之無愧。陳散原先生自是世所公認亦足自安的「名父之子」兼「名子之父」。既然如此，在論述散原功業風義之前，當然須先論其父其子，庶幾可見其克紹祖德澤及子孫，非如此亦難以同情地理解其本人。

散原父陳右銘寶箴，少負志節，詩文皆有法度，早年以舉人隨父偉琳公治團練，崛出於時。「初先生庚申會試落第，留京師三歲，得交四方儁雅之士，於易佩紳羅亨奎尤以道義經濟相切摩，時稱三君子。」（黃秋岳《花隨人聖庵摭憶》語，黃氏因散原亦有四公子之目，贊陳氏「家風甚似東漢之太邱」，至爲允當。）深受曾國藩、郭嵩燾、席寶田、翁同龢等人器重，屢建奇功，歷宰繁巨，官至湖南巡撫，官聲赫赫，廣有功德。於公有《清史稿．陳寶箴傳》，於私有《散原精舍文集．巡撫先府君行狀》，於今人著作有汪榮祖教授《陳寅恪評傳．舊時王謝家》，讀者可參，例不縷述。在此只補充幾條有趣的材料，以爲談助參證。《清代名人軼事．異徵類》（葛虛存原編．琴石山人校訂）有「陳寶箴祈夢」條，饒有趣味：「義寧陳寶箴俶儻負才略，遭世多故，慨然有澄清之志。嘗應禮部試，祈夢神祠，夜夢隨李朔入蔡，雪月交映，旌旆飛揚，立馬指揮，意氣閑駿。醒而大喜。及下第歸，至上蔡縣，風雪大作，夜二鼓，始投逆旅，委頓殊甚。自是雪濘旬日，資糧皆盡，典衣鬻馬，僅得南還，乃知爲神所戲，不復談兵矣。然寶箴論事實能洞見本原，非苟爲大言者。」「不復談兵」云云，語甚可怪。寶箴長於兵略，固世所習知，運籌帷幄，每建奇功，席寶田從其計，設伏廣昌、石城間，得獲洪仁玕等人，非其顯例而何？在寶箴的蓋世事功中，移風易俗尤大有益於後世，曾國藩與其一席話甚爲緊要。胡思敬《國聞備乘》「陳右銘服膺曾文正」條下記曰：「陳寶箴初以舉人謁曾國藩，國藩曰：『江西人素尚節義，今頹喪至此，陳子鶴不得辭其責。轉移風氣將在公等，其勉圖之。』子鶴者，新城陳孚恩也，附肅黨，官至尚書，日營求入閣，故國藩及之。寶箴以資淺位卑，愕然莫知所對。國藩字而徐解之曰：『右銘疑吾言乎？人亦貴自立耳。轉移之任，不必達而在上也，但數位君子若羅惺四、許仙屏者，沉潛味道，各求一不求富貴利達之心。一人倡之，百人和之，則風氣轉矣。』寶箴敬佩不忘，對江西人輒傳述其言，且喜且懼，自謂生平未受文正薦達，知己之感，倍深於他人。」陳氏一門三代皆對曾國藩推崇備至，良有以也。故爾，父子二人於一般政事外，特重開啓民智，轉移士習。其效卓著，影響深遠。黃秋岳雖因向日寇出賣機密軍情，導致日艦遁逸，逃脫被一舉炸沉的命運，而遭顯戮，但「今日取其書觀之，則援引廣博，論斷精確，近來談清末掌故諸著作中，實稱上品，未可以人廢言也」（陳寅恪《寒柳堂記夢未定稿》語），即指上揭《花隨人聖盦摭憶》，其中有一句話要言不煩，可當的評：「湖南之煥然濯新，實自右銘撫湘始」。原先閉塞落後的湖南浸浸乎幾成中國之普魯士，才人俊傑輩出，幾乎主宰了中華一個甲子的命運，飲水思源，實在應該感念陳氏父子。

有父如此，自爲名父，不以散原爲名父之子，其可得乎？

散原有子五。錢基博先生謂「三立諸子皆能詩」（《現代中國文學史》中語）。能詩自是家風，諸子尙各有擅長。衡恪（一八七六—一九二三，錢基博先生書「死時年三十有幾」，不知何由而誤）以乳名師曾爲字，以字行，著名畫家、篆刻家、美術教育家、詩人，有《中國繪畫史》、《中國文人畫之研究》（當係譯大村西崖書參以己意而成）、《槐堂詩鈔》、《不朽錄》、《陳師曾遺墨》。「其人溫雅而有特行」。刻印「筆畫雄傑，平視缶廬」。善屬對，曾集姜白石《揚州慢》「波心蕩冷月無聲」與《琵琶仙》「春漸遠汀洲自綠」爲對，令人叫絕。其詩則「饒有新思想」，石遺老人「嘆爲第一」，贈詩「詩是吾家事，因君父子傳」（以上皆黃秋岳記）。葉公綽評曰：「君以文人之畫，發爲畫家詩，揮之胸臆而師乎造化。」（《陳師曾遺詩序》）當然，其最受推重的還是繪畫。黃秋岳稱「筆力高古，爲一時推重」。陳贛一贊云：「多才藝，尤擅繪事，融貫中西，落筆獨闢蹊徑，往往超出尋常意表，別饒奇趣。」（《新語林》）名畫家王夢白直以其畫「無懈可擊，必欲所瘢疻，唯恨太老到，與齒不相稱，所以不永年也」。至於其提拔齊白石，更是藝林佳話，微師曾，年過半百尚不甚爲人所識的白石，恐怕畢生只能名居湘綺門下四匠之一而已。隆恪（一八八八—一九五六）字彥和，專攻財商，亦長於詩，有《同照閣詩鈔》。寅恪，毋庸介紹了，是十餘年來學術文化界矚目的熱點，《陳寅恪文集》和批注、稿本無論矣，他人所寫所編的傳記和紀念文集各有數種已經問世，以其爲對象的研究論著恐以百計。方恪（一八九一—一九六六）字彥通，是陳氏兄弟中唯一未出洋留學者，歷任要缺，亦擅詩，石遺曾以「名貴」論之，並以爲酷肖散原，幾可亂眞，《現代中國文學史》錄其詩兩首（但錢氏以石遺贈詩「詩是吾家事，因君父子吟」歸諸方恪，且與上引者有一字之差），然其特長爲目錄學。登恪（一八九七—一九七四），留法歸國後曾以筆名陳春隨撰成《留西外史》，風靡一時，專業爲法國文學研究。諸子學問人格皆足以稱名。方恪固然一度沉湎酒色，揮霍奢靡，但在一九四五年任職南京國學圖書館時，因掩護地下電台而被日本憲兵逮捕，爲常人所不敢爲，緣抗戰勝利幸免於難，大節炳然。

有子如此，自爲名子，不以散原爲名子之父，其可得乎？而況亦其自名，更可得稱「名父之名子」兼「名子之名父」。

文章寫到這裡，方及本文主人陳散原，頭重腳輕，已然犯了作文大忌。好在讀者會諒解，因爲我們面對的是一個實在特殊的人物和一個實在特殊的家族，自然不宜限以常例；何況，描述其父其子也應該是摹寫一個人物的題中應有之義，何況散原其父其子確實有描述的價值呢？

陳三立，字伯嚴，散原係其自號。咸豐三年（一八五三）生於義寧（今江西修水），初娶羅夫人，生衡恪。青年時代即以才識自負，「嘗醉後感時事，譏議得失輒自負，詆諸公貴人，自以才識當出諸公貴人上」（《故妻羅孺人狀》）。光緒八年（一八八二）中鄉試，成舉人。試後至長沙續娶俞夫人（俞氏爲山陰世族，因夫人侄孫，即俞大維子之婚娶而與奉化蔣家有姻親關係，當然這是後話，知者甚少，姑錄於此），生其餘諸子。光緒十二年（一八八六）中試成進士，授吏部主事。散原與譚嗣同、丁惠康（亦作陶葆廉）、吳保初同列稱「四公子」，應即始於此時。當時的吏部尤爲顢頇，屬吏跋扈。散原分部後，「時有吏部書吏某冠服來賀，散原誤爲縉紳一流，以賓禮相見，書吏亦昂然自居於敵體。繼知其爲部胥，乃大怒，厲聲揮之出。書吏慚沮而去，猶以『不得庶常，何必怪我！』爲言」（徐一士《一士類稿》「談陳三立」條）。散原在此絕非小題大做，其舉動與其維護綱紀的思想（詳下）互爲表裡。至於以爲散原因不得點翰林而洩忿，更可見書吏之淺陋，固不待言。吏事腐敗綱紀紊亂至此，自然難怪散原作憤激語云：「舉五千年之帝統，三百年之本朝，四萬萬人之性命，而送於三數昏妄大臣之手。」（文廷式《聞塵偶記》）

有感於時勢再加上受右銘老人影響（右銘在河北道任內所辦書院即名「致用精舍」），志在經世致用的散原當然不會甘於沉浮郎署，不久就辭官了。憶昔，右銘老人不樂作幕，欲自親事，尙可以舉人之身分由軍功晉升，位至監司封疆，而天下中興重見太平後不久，中國的官僚體制馬上又回到原來軌道之上，散原雖然得中甲科，若也欲早日自親事，卻只有侍父借助其官位權力一途，實際上跡近作幕了，其中消息固不僅有關一姓之興亡而已，豈不令人深思嘆息？吳宗慈《陳三立傳略》：「時先生尊人右銘中丞有政聲，先生恒隨侍左右，多所贊畫，藉與當世賢士大夫交遊，講學論文，慨然思維新變法，以改革天下，未嘗一日居官也。」汪榮祖教授引錢基博先生未刊手稿《陳三立致譚獻函，附三立小傳》「三立一言，其父固信之篤也」，認爲「戊戌政變前湘中改革可說是他們父子的合作」。其實不僅湖南改革如此，散原辭官時在光緒十二、十三年間，距右銘光緒二十一年秋八月詔授湖南巡撫尙有八九年，其間右銘除協助兩廣總督張之洞出任緝捕局、助李鴻藻謀畫治河外，還歷任湖北按察使、布政使、直隸布政使，至少散原亦曾隨侍湖北任所，然則，父子合作可謂有日矣。右銘在直隸任上，正逢中日之戰，右銘駐天津，督東征湘軍轉運，總督劉坤一嘆爲軍興以來糧台所僅見。自然，這不會影響中國一敗塗地的結局。甲午戰敗後，右銘「痛哭曰：無以爲國矣！歷疏利害得失，言甚痛」。又「其時李公鴻章自日本使還，留天津，群謂且復總督任。府君憤不往見，曰：『李公朝抵任，吾夕掛冠去矣』」（《行狀》）。散原更爲激忿，其時正在武昌，致電張之洞：「國無可爲矣，猶欲明公聯合各督撫數人，力請先誅合肥，再圖補救，以伸中國之憤，以盡一日之心，局外哀鳴，伏維賜察。」（此電黃秋岳書錄）張之洞素有巧宦之名，自然不會回覆。當時持此議者甚多，然若細繹陳氏的出發點，卻迥異時流，赫然見其思想之獨立，不以時俗爲轉移。右銘老人的意見是「勳舊大臣如李公，首當其難，極知不堪戰，當投闕瀝血自陳，爭以生死去就，如是，十可七八回聖聽，今猥塞責望謗議，舉中國之大，宗社之重，懸孤注，戲付一擲，大臣均休戚，所自處寧有是耶？」如此識見，跡近極端民族主義者的庸俗愛國主義者豈堪與語!?所以「其世所蔽罪李公」者，右銘老人與散原「蓋未暇爲李公罪矣」。黃秋岳不負陳寅恪「論斷精確」之評，能得其眞：「蓋義寧父子對合肥之責難，不在於不當和而和，而在於不當戰而戰，以合肥之地位，於國力軍力知之綦審，明燭其不堪一戰，而上迫於毒后仇外之淫威，下劫於書生貪功之高調，忍以國家爲孤注，用塞群昏之口，不能以生死爭，義寧之責，雖今起合肥於九京，亦無以自解也。」責李不當和而和似爲馬後炮，責李不當戰而戰則有先見在焉。散原還曾積極參與張之洞秘密援台事，有函電傳世（一度稱台灣「總統」的唐景崧之孫女後成陳寅恪先生夫人，能詩善書，尤以書法娟秀受散原欣賞。亦可稱因緣有自）。

當然，父子合作的湖南新政厥功最大，也最爲後人所感念。光緒二十一年（一八九五）右銘得授湘撫。巡撫位尊權重，張之洞得授山西巡撫而內心大喜，以致上表謝恩時失語要經營八表，可見此職實有可爲。陳氏父子就以此爲巨筆，撰寫了一段驚心動魄使人爲之神馳的大喜大悲的歷史。事跡具載史冊。《清史稿．陳寶箴傳》云：「湘俗故閭塞，寶箴思以一隅致富強，爲東南倡，先後設電信，置小輪，建製造槍彈廠」。《行狀》又云：「其要者，在董吏治，闢利源；其大者，在變士習、開民智、敕軍政、公官權……設礦務局，別其目曰官辦、商辦、官商合辦。又設官錢局、鑄錢局、鑄洋圓局……而時務學堂、算學堂、湘報館、武備學堂、製造公司之屬，以次畢設。」當時的湖南風雲際會，群賢備集，江標、徐仁鑄先後任學政，黃遵憲任鹽法道署按察使（《清史稿》以黃遵憲附《陳寶箴傳》後，雖有斯理，略顯突兀）。散原參贊其中，無親事之名而據其實。單就影響深遠的時務學堂而言，一請先生，一取學生，由散原定者尤見卓識。先說請先生。陳寅恪先生《讀吳其昌撰梁啓超傳書後》：「先是嘉應黃公度丈遵憲力薦南海先生於先祖，請聘其主講時務學堂。先祖以此詢之先君，先君對以曾見新會文，其所論說似勝於其師，不如捨康而聘梁。先祖許之。因聘新會至長沙。」至於其效，《清史稿》亦不能否認：「延梁啓超主湘學，湘俗大變。」再說取學生。吳宗慈《陳三立傳略》：「民十一年壬戌，與梁啓超晤敘金陵。二十年前之同志也。語次及蔡鍔。鍔，梁氏之受業弟子也。先生謂梁曰：『松坡昔考時務學堂，年十四，文不通，已斥，余因其稚特錄之，後從子學，乃大成。』」松坡再造共和，世所習知。按當時稚者豈特松坡一人？散原欲以識人之雅盡歸新會而已，其謙抑厚道顯而易見。

散原父子在湘之改革並不順利，只能在鄙陋的保守派與「多患發熱病」（陳寅恪語）的激進派的夾擊中艱難掘進。散原父子基於特立獨拔不依不傍之精神而採取的一貫路徑實有以致之，不可以常理推斷而發事關宦術之腹誹。見於史籍者多繫以右銘，實際自與散原有關。對保守派，「寧鄉已革道員周漢，以張帖攻西教爲總督所治。寶箴至，漢復刊帖傳布，寶箴令毀之，漢毆毀帖者，寶箴怒，下之獄。舊黨恨次骨。」（《清史稿》）對激進派，「先祖先君見義烏朱鼎甫先生一新《無邪堂答問》駁斥南海公羊春秋之說，深以爲然」（上引陳寅恪先生文）。即使在康君恩正隆之時，在奏摺中亦不避「若再能心術純正，操履廉潔」之類批評（摺見《戊戌變法檔案史料》）。陳寅恪先生《讀吳其昌撰梁啓超傳書後》也明確揭明了「余家之主變法，其思想源流之所在」，汪榮祖教授以爲「與康梁並非一黨……實與馮桂芬、郭嵩燾、曾國藩同屬一源流」正得其旨。無疑，在當時，這是一條穩健妥當的道路，以不傷國本而謀漸進改革，這「第三條道路」至今未得到足夠重視及應有評價。

戊戌之變不久就發生了，儘管右銘在入對時「見上形容憂悴，請日讀聖祖《御纂周易》，以期變不失常」，儘管上言「願得厚重大臣如之洞者」領四章京，還是坐濫保匪人，雖經榮祿和王文韶磕頭乞請，依然「罪及舉主，寶箴去官，其子主事三立亦革職」（俱見《清史稿》）。散原在《清史稿》僅此一見，因其居幕後襄贊其父，有實無名，《清史稿》按史例如此處理，自不必厚非，將散原父子與李端棻、徐致靖（子仁鑄附）、曾鉌、楊深秀、楊銳、劉光第、譚嗣同（唐才常附）、林旭、康廣仁諸傳合列爲卷四百六十四，除康廣仁不倫不類外，也還算允當。其年右銘六十八歲，散原四十四歲。

因人廢法的傳統理所當然使「諸所營構便於民者，雖效益已著，皆廢毀無一存」，更不必說湘學所著諸書了。湖南新政蕩然，但其精神則已融入湘人血脈。散原父子只能「往往深夜孤燈，父子相語，仰屋欷歔而已」（《巡撫先府君行狀》、吳宗慈《陳三立傳略》作「往往深夜孤燈，父子相對欷歔，不能自已」）。吳氏稱散原「一生政治抱負遂盡於此」，可謂以淡然出千鈞。

右銘老人以七十之年，「於光緒二十六年庚子夏（一九〇〇），聞拳匪之亂，發憤死」（錢基博先生語）。散原在此後還積極參與勤王。光緒二十九年（一九〇三）值慈禧七十大壽，初康梁外的戊戌黨人悉復原官。照理，散原亦在其列，何況還有貴人相助，《新語林》記道：散原時「家於南京，日與端方之流評品書畫」。按散原詩集中屢見與端方遊宴唱和之作，「端將具疏復其官，陳聞而堅辭，高潔匪人可及矣」。《寒柳堂記夢未定稿》又記道：「清季各省初設提學使，先君摯友喬茂萱丈樹　爲學部尙書榮慶所信任，故擬定先君爲湖南提學使。是時熊秉三丈希齡適在京師，聞其事，即告當局謂先君必不受職」。散原拒絕復出的背後極具灼見：「未幾袁世凱入軍機，其意以爲廢光緒之舉既不能成，若慈禧先逝，而光緒尙存者，身將及禍。故一方面贊成君主立憲，欲他日自任內閣首相，而光緒帝僅如英君主之止有空名。一方面欲先修好戊戌黨人之舊怨。職是之故，立憲之說興，當日盛流如張謇鄭孝胥皆贊佐其說，獨先君窺見袁氏之隱，不附和立憲之說。」堅拒議員之職。儘管袁世凱使散原諸知友百般相勸以促北上，散原堅持要諸友保證只係故舊聚談，絕不入帝城，得其誓言方始北遊。俗流以散原反對立憲殆由此。自此，散原自號「神州袖手人」，自絕於俗世政治。清帝遜位後，散原尊敬備至的老師陳寶琛欲引其相助，也以不會京語爲藉口而婉拒。

從此，中國政界少了一位智士。清末，散原參與南潯鐵路事，只關實業，無關政治，爲時甚短，但也有佳話流傳。自歉無所獻替，遂將薪金悉數捐贈金陵刻經處，嚴於取予如此。散原拒金多次，其中一筆巨款大有來歷，因稍亂時序，附記於此。一九三二年九月二十一日，散原八十大壽，張元濟先生賀之於廬山，五年後痛聞散原去世，爲挽詩七絕四首，其三有句云：「銜杯一笑卻千金，未許深山俗客臨」，注云：「君隱居廬山數年，八十生日時帥有獻千金爲壽者，峻拒不納。余同居山中，時相過從。」俗客者，帥者，時亦在廬山之蔣介石也（據陳隆恪詩、陳小從及張樹年《我的父親張元濟》回憶，陳寅恪先生亦在。如此則《庚辰暮春重慶夜歸作》中「食蛤那知天下事，看花愁近最高樓」當增多一不古不今之「近典」矣，吳雨僧先生抄本附注「初次見某公，深覺其人不足有爲」云云，「初次」可商，「深」應同時含「久」意）。

中國文壇卻多了一位詩宗。

自然不會再有轟轟烈烈，時人筆下的散原已然是「德人儒宗」（改散原「德人儒吏」語）的形象了。因此，在常人身上的怪事放到散原身上也就成了軼事兼雅事。張慧劍《辰子說林》「韭菜」條：「民國二十二三年，先生腰腳尚健，曾歸金陵小住，有以輕車載之往遊陵園者，出中山門，見道旁秧田成簇，豐腴翠美，先生顧而樂之，語其車中同伴曰：『南京眞是好地方，連韭菜也長得這樣齊整！』聞者大噱，以爲先生故作諧語，而先生穆然，蓋眞『不辨菽麥』也，其心地渾厚質樸如此。」散原對五穀了無興趣，大致也是當時士風。同書「近視眼」條所記錄者更爲匪夷所思：「散原先生晚年，窮理格物及於最纖微之事：嘗取一病蠅置案上，徐觀其動狀，久久不倦，此種實驗精神至爲難得。陳先生詩雖作哲談，亦不反對科學，實爲詩人之眞正修養，値得吾人之師法也。」讀者不妨一檢《散原精舍詩》，可有描摹蠅類之作？

世人至有稱散原「爲中國詩壇近五百年來之第一人」（張慧劍語），石遺自視雖極高，猶稱「江右詩家，五十年來，惟吾友陳散原稱雄視海內」（見錢氏書），五十五百固不必論，其詩之精，自不待言，其詩思之快捷貼切亦使人瞠目。茲從《新語林》中揀錄兩條。先論快捷：「伯嚴遇宴集，於一小時內以七律遍視坐客。」再論貼切：「陳散原赴友宴會，席間招妓天香閣，乞爲撰一聯，陳援筆立題曰：『天壤有情終負爾，香塵揚海渺愁予』，以視諸客，四座驚賞。」世人多以其詩爲屬江西詩派，實未必盡然。上引《辰子說林》「韭菜」條下記曰：「嘗與其門人故胡翔冬教授談：『人皆言我詩爲江西派詩，其實我四十歲前，於涪翁、後山詩且未嘗有一日之雅，而衆論如此，豈不冤哉？』」散原有覆宋刊《黃山谷集》「題辭」，《文集》未收，記其遊楊惺吾廣文書樓，得見任淵史注宋本《黃山谷內外集》，解資刊刻事，署二十六年二月，是年散原四十六歲，「題辭」中僅言「余父又嗜山谷詩」而不及己之好之，想來《辰子說林》當非杜撰。大致以鄭孝胥《散原精舍詩序》「余雖喜爲詩，顧不能爲伯嚴之詩，以爲如伯嚴者，當於古人中求之。伯嚴乃以余爲後世之相知，可以定其文者耶？大抵伯嚴之作，至辛丑以後，尤有不可一世之概。源雖出於魯直，而莽蒼排奡之意態，卓然大家，非可列之江西社里也」爲知言。聯想及黃秋岳，眞讓人橫生感嘆。被歸入江西詩派者多不自承，與散原同列此派宗師之鄭孝胥、陳石遺亦然，其中恐有待發之覆。

散原以文章道德爲世所瞻仰，自可見之於時論。張慧劍上引書「四公子之結局」條云：「此老當艱危之際不濇所操，不惟鄭孝胥輩泉下相見無地可自容，即陳弢庵、陳石遺等對之亦有愧色。」「韭菜」條：「不僅學力精醇，其人格尤清嚴無滓，足以岸視時流。寇陷北平，先生困居危城，音問斷絕，而時論不翳，使在他人，且不免疑謗之交集矣」，語力極重，既有此言，何庸他語？散原數拒遊說者，自不負士人氣節。

老人晚年多病，見於文人筆下者有嗝疾（據張慧劍），「水厄」（即前列腺炎，張元濟有詩「自古文人多水厄」，自注云：「義寧陳伯嚴、嘉興沈子培二公均患此疾，且均在高年，時發時至，但終以此疾致死。」自注末句不確）。一九三二年一月末，散原繫心淞滬抗戰，「報至則讀，讀竟則湫然若有深憂。一夕忽夢中狂呼殺日本人，全家驚醒」（《陳三立傳略》）。一九三七年八月八日，日軍入北平，散原疾發，拒不服藥，又不進食，於舊曆八月初十棄世。時年八十五（汪榮祖教授《陳寅恪評傳》繫以日軍入城二日後，顯然緣未辨陰陽曆而誤）。

散原往矣，當年的四公子至此無一存者。譚嗣同被戮菜市口，丁惠康嘔血而亡，吳保初窮至無錢買藥叫號而絕，皆在散原之前。還要算散原晚景稍優，亦享大年。只好倒托翁之語意作「其幸各異，不幸則一」了。嗚呼！當時倒確有人以譚嗣同與散原比之兩位舊俄貴族文人，以譚擬普希金（A. Pushkin），而正以散原擬托爾斯泰（C. L. N. Tolstoy）。張慧劍評曰：「先生之一生成就爲舊詩，舊詩在文藝領域中封疆太窄，且遠離一般社會生活，自不能如托氏作品之發生廣大效力。第吾謂兩人有似處者，則節取其一點，先生亦爲一濃厚之人道主義者，其詩中滿含悲憫之旨，惜陳義過高，不易爲一般人所瞭解耳。」所評甚當，惟以舊詩爲散原一生之成就，頗代表了由當時至今人們的看法，失之太窄。

就文章而言，散原亦稱聖手（參黃秋岳書所記陳石遺語）。而且，其思想正在其中得以充分表露。現略加鉤稽，不僅可見陳寅恪先生思想最直接之來源，更可見散原之所以可垂千古而不朽者，固不徒由詩文之道而已。

散原論學特重本原統系，於學術史特有己見。《船山師友錄敘》云：「周衰，七十子之徒既歿，道術壞散。戰國之際，縱橫怪迂之變益紛然淆亂，莫可統一。漢興，表彰六藝，儒生朋興，掇拾大誼。越千年而有宋巨儒出，益究其說，道浸彰顯矣。其後頗復眢亂，浸失其眞。元明以降，代承其弊。國家肇基，黃氏顧氏之倫乃倡言復古，綜覽百代，廓絕流亢，厥風大醇。然其所明，典章、文獻、制作、道法之跡而已，而大道之要、微言之統，未暇明也。於時衡陽船山王先生，並世遺老，抗其孤敻卓犖之心，上契聖典，旁包百氏，蒙者發之，滯者通之，天人之蘊，教化之紀，次第昭列。自孟、荀、朱子以來，道術之備，於斯爲盛。」令其心折之統顯爲孟荀朱王。又由於特重獨立，所以尤不喜李斯，直叱其「阿世逢君，背其師說，倒行而逆施之」（《讀荀子五首之四》）。於韓非，雖然亦加以抨擊：「貴刑名，上功實，裂仁義，絀賢才，隆主之勢，排斥大臣，左右朋比，一決於法術」，但因「自秦以來千餘歲祖非之治，時取得小效。戎夷崛起盛強，尤與非術相表裡」，乃發「豈其世變相類，有不可得二廢者歟？」轉以爲「非之言『所養非所用，所用非所養，此所以亂』，蓋莫之能易也」（《讀韓非子二首之一》）。於墨子，更以爲與孟子有相通之處：「兼愛者，墨子之大道。墨子知人之愛人也不若天之愛人，故欲法天；知人之愛人也不若人之愛己，故欲同己。所謂以繩墨自矯而備世之急者，非耶？故孟子言仁義以塞天下之利，墨子言兼愛以矯天下之自私，其趣一也。」（《讀墨子》）

散原持心道學治統一論尤力，其說較修齊治平論實高出一籌，其說云：「聖人之心爲道，道爲學，學爲治。學也，道也，治也，皆生於聖人之心。聖人之心奈何？曰樂以終始而已矣……儒者外樂以爲心，外心以爲求聖，於是道異學異治亦異，此古今升降聖俗之大辨也。」（《讀論語四首》之一）散原歷來認爲道術互爲表裡，以經世致用爲指歸，特爲強調士大夫應具參與社會政治時務之意識，乃至以身爲天下先。所以雖然認爲老子「不爲禍始，不爲福先」及「不敢爲天下先也」是「明天人消息……孰於衰世情僞」，卻仍然不以韓退之稱柳子厚勇於爲人不自貴重之語爲然，「吾恐灰志士之心，塞公而忘私，國而忘家之義」（《書韓退之柳子厚墓誌銘後》）。由是，散原自然亟亟以立綱紀，變士習爲要務了，否則，鄙陋之士只能成事不足而敗事有餘。下一段話就至爲痛切：「竊聞臨難毋苟免，食其祿者忠其事，天地之大經，聖賢之遺則，通之百世而莫能易者也。蓋人之生也，有羞惡之心，有不甘不屈之氣，根於性，立於義，發於誠，明於分，依之則爲人，違之甚或自陷於禽獸，當大難，臨不測，若皆泛泛然拱手委之，君誰與賴？國誰與捍？民誰與保？……故歐陽公於其史最反覆傷之，引以爲鑒。且匪徒中國而已，彼環海之國不一，雖法制或歧，教俗或異，然使官吏不死職，將士不死綏，寧有存立盛強可指稱者耶？吾國新進學子馳觀域外，不深察其終始，猥獵一二不根膚說盛倡於綱紀陵夷士氣委靡之後，以忠爲戒，以死其君爲妄，潰名教之大防，絕彝常之系統，勢不至人心盡死，導而成浮游之奴虜之國不止，爲禍之烈，尚忍言哉！」（《南昌東湖六忠祠記》）散原所以有「辛亥之亂」語，即因由其而「天維人紀浸以壞滅」（《俞觚庵詩集序》）。

對當時士大夫徒守空文，枉逞意氣，以致負智能幹才者備受掣肘束手無策，散原自有切膚之痛，以爲其根由在於「蓋忠良不據於其心，而無寧靜澹泊之天懷爲之根柢……本不立而俗不長厚」（《廖笙陔詩序》）。散原自己歷來不依不傍，極其反對士人挾私互相攻訐：「類曹好曹惡異同攻尚之習，竟以爲勝，非君子之所汲汲也。」此批評亦及風行其時之桐城派：「桐城家之言興，相獎以束於一途，固以嚴天下之辨矣，而墨守之過，扭於意局，或稍無以厭高才者之心。」（《龍壁山房文集敘》）

處於四夷逼迫之時代，散原對中國傳統的務本抑末之說可謂深惡痛絕：「貴農而賤商……群安於陋簡，終於自蔽。逮四裔通互市，挾其智術攘以萬鈞之力，形見勢絀，益擾靡窮蹙不可救。」（《錢塘胡君墓表》）在視「士大夫學術論議亦以日殊異」爲理所當然之同時，更汲汲以爲：「夫習其利害，極其情變，所以自鏡也。蔽者爲之溺而不返，放離聖潔，因損其眞。矯俗之士至欲塞其目，擯不復道。二者皆惑，非所謂明天地之際，通古今之變者。」（《振綺堂叢書序》）

在當時，散原對傳統文化之態度不可謂不開放，其議孝道（《書晏孝子》）、議貞節（《書張貞女》），即使置諸今日，亦可稱得當。雖然，這並不意味著散原能夠容忍一切學說，其對種種「邪說」、「嘗試之說」絲毫不假以辭色，甚至罪及未始不爲尙有可取的言官制度，哀嘆道：「吾見後世之聽言矣於言置爲官，又設爲科，貿貿焉以爲名高而已。建一鼓號召天下之言者，而群閎之，於是言愈進，國愈紛；言者愈衆，國愈亂。積喪敗危亡不可救之局接踵繼軌，而莫之省寤。悲夫，亦孰知奸言並至，嘗試之說蜂起之禍之烈邪！」（《讀荀子五首》之三）散原認爲「採囂陵之說，用矯誣之術」者，於甲午之敗乃至大命之喪不得辭其咎（《庸閹尙書奏議序》）。面對邪說：「交熾陷溺人心，爲患烈且巨，振古未有」之局，散原已然知道此乃「大勢之所趨，固坐視無可如何」，但「猶冀一二魁儒老學究聖哲之蘊，持維防之約，本其醇意，高文漸被，徒友轉相移奪，徐待其定」（《桐城馬君墓誌銘》）。

就各種嘗試之論而言，散原在細考其實兼及己情後，尤不值民權與憲政之說，認爲二說都不適合中國。其論民權曰：「余嘗觀泰西民權之制，創行千五六百年，互有得失，近世論者或傳其溢言，痛拒極詆，比之叛逆，誠未免稍失其眞，然必謂決可驟行而無後災餘患，亦誰復信之？彼其民權之所由興，大抵緣國大亂，暴君虐相迫促，國民逃死而自救，而非可高言於平世者也。」以爲義和團以空拳對兩洲七八雄國，慘遭屠害，其原因在於一二大臣之專制，不關垂拱之明聖，因此「余意民權之說轉當萌芽其間而並漸維君權之蔽，蓋天人相應，窮無復之大勢備於此矣」（《清故光祿寺署正吳君墓表》）。至於憲政則徑以其「削足適履」（《祭于晦若侍郎文》）。對留洋歸國學生群起應和自然特爲不屑與憤懣，若有洋學生前來爲親屬乞銘，如夏敬觀所介紹者之例，當然會大得散原青眼（《高女墓誌銘》）。

無庸諱言，散原之思想亦充滿矛盾，其說也自有跡近迂腐者，也不必爲之諱，然而，後人未必能予以同情之理解，似乎也未必眞有批評之資格。散原之說自有歷久而彌新者：「世之恒言曰『有治人，無治法』。陳三立則曰：『有治法，無治人。』蓋所謂治人者，皆出於治法所由然，使之不得不爲治人者也……幸而偶有其人也，遂偶有其政也，易一人則未可知也，亦嘆其爲暫而危。」極力反對「貿貿然寄命於不知誰何之人」（《雜說》一）。

綜觀散原一生，意氣奮發有之，運籌帷幄有之，驚濤駭浪有之，憤世嫉俗有之，黯然神傷有之，詩酒酬唱有之……這固然是個人之歷史，同時更是十九世紀下半葉至二十世紀前半葉之中國史，折射了傳統賢士大夫由中心到邊緣之歷程，無可奈何自不必言，於國家民族福焉禍焉，又有誰人忍言？

憶十餘年前於海王村某書店覓獲《散原精舍詩》（宣統二年上海商務印書館代印本）時，為之欣喜欲狂。封面有老主人題記「癸丑秋得於都門」，筆跡不俗，其名健憨，亦殊可喜，內挾第四千二百十九號《大公報》剪報一紙，係散原詩三首。得時書已闕數頁，亟從北大圖書館借本補抄，竟借得胡適之原藏本，封面題字純是胡風：「陳三立的詩集兩冊，九．十二．十，胡適」。竊以為又得過錄適之批語，喜幾癲。檢遍全書，僅得適之二字，貴重過金。字在鄭序文末欄上：「不通」，為之掩嘴。適之書散藏於北大，未做專藏，十分可惜。《陳三立的詩集》館藏號為X 1222．75 18a，以省來日翻檢之勞。

《散原精舍文集》之難得百倍於《詩集》。據故蔣秉南教授，《文集》「當係在老人逝世後諸子集聚時編定，直至民國三十八年八月，始由上海中華出版。」《文集》之所以難得即在此。若稍早於此，以散原之盛名，自不會一版而止，化身人間者何止百千？民國三十八年正值鼎革之際，書運不想可知。雖然，不幸中之萬幸，稍晚於此，《文集》自難應世，浩劫之後，稿亦難存。冥冥中似有天神呵護，可見天猶不欲喪斯文。至於散原諸子所撰識語中提及之待刊「別集」，更不知尚在天壤間否？

奉畏友陸灝兄之命即以據此本標點，底本承華東師大陳子善教授惠予複製。余後生小子妄加標點，幾若佛頭著糞，不妥錯誤恐在所難免，尚乞讀者海涵之餘，惠予指明，以待來日改正。

本文係《散原精舍文集》前言

男爵及其幻想：紀念鋼和泰

「每個男爵都有他的幻想」（Jeder Baron hat seine Phantasie）是一句古老的日耳曼格言，尊敬之中略微帶些調侃。平民眼裡的貴族，大致如此。

我要寫的正是一位男爵：鋼和泰男爵。洋文全名Alexander von Staël-Holstein，「鋼」是Staël的意譯，「和泰」是Holstein的音譯，混合起來，就組成了一個與中國學術史、教育史大有關聯的名字，而且是絕不該被忘卻的名字。然而，國人確乎太善忘了。儘管近年來胡適之、陳寅恪日益成爲熱門話題，而「暴得大名」的適之先生卻在聲名如日中天之際，親自擔任這位男爵講課的口譯工作，並且還意猶未盡筆譯其文：「最有希望的讀書種子」寅恪先生在游學十數年回國應聘清華，身列四大導師之後，仍在相當長的一段時間內，每個週末都進城與這位男爵共同研讀梵典，但是，鋼和泰這個名字如果說還未給拋到九霄雲外，大概實在也離爪哇國不遠了。星轉斗移，彈指之間，這位充滿幻想，爲中國學術教育事業做出極大貢獻的男爵竟是墓木已拱了。

自忖還不算太善忘，總想寫篇文章紀念這位值得尊敬的男爵誕辰一百二十週年暨逝世六十週年，手邊卻只有張永言教授賜寄的葉綏夫的文章（葉綏夫是Serge Elisséeff的中文名字，曾任哈佛大學日本語言文學教授，因而還有個日文名字英利世夫，著名歷史學家周一良教授曾是其高足）。而且，除了這篇文章之外，似乎也難以找到其他的紀念文字，鋼和泰男爵的身後寥落由此也可見一斑。即使這樣，國內看到過這篇文章的人恐怕也是寥寥無幾。於是便只好以這篇文章爲主要依據，掇拾成文，幾近編譯。雖說只不過是聊勝於無，總也強過用遺忘來代替紀念吧。

鋼和泰男爵一八七七年一月一日出生於時屬俄羅斯帝國愛沙尼亞專區的波羅的海地區的家族領地，父親奧古斯都・馮・鋼和泰（Augustus von Staël-Holstein），是歷史悠久的波羅的海貴族的一員，和其他許多貴族有血緣關係，如法國著名作家德・鋼（de Staël）；母親卡特琳娜・馮・德爾帕荷倫同樣出生於聲名顯赫的貴族世家。少年時代的鋼和泰男爵自小在家裡受到良好教育，講德語和法語兩門語言。十歲左右，他被送到愛沙尼亞小鎮珀瑙的高級文科中學，許多波羅的海貴族都曾在那裡接受了大學前的基本教育。高級文科中學與衆不同之處就在於除了一般課程（如代數、幾何、三角、歐洲歷史及文學，在珀瑙自然還有俄語、俄國文學等），特別重視古典教學，鋼和泰在此學了八年拉丁文，六年希臘文。這在今天是難以想像的。畢業後，他順理成章地進入了父親和其他家族成員曾經就讀的多爾帕特大學，在那裡讀了兩年人文學科研究生。然後，使家族大爲驚訝的是，他決定前往德國繼續研究古典文學並打算開始學習梵文。家族面對充滿幻想的年輕男爵只有自我安慰，反正研究梵文至少不會有損於源遠流長的高貴血統。於是，鋼和泰男爵在柏林大學讀了三年半，接著轉入哈勒的弗里德里克斯大學，獲得了哲學博士學銜，論文研究《羯磨燈》（*Karmapradīpa*）第二分。其第一分也是在哈勒由施羅德（F. Schrader）教授於一八八九年校釋出版的。

論文的成功加上優秀的古典學基礎及天賦，使得他在導師們的眼中成爲一個天生注定的學者。一回到俄國，鼎鼎大名的斯徹爾巴茨基（Stcherbatsky，名著*Buddhist Logic*的作者）和奧登堡（Oldenburg，名著*Buddha*的作者，曾從事中亞探險）就鼓勵他參加教師資格考試，以便在帝國大學任教。鋼和泰輕而易舉地通過了考試，但並沒有即刻就任大學講席，而是加入外交部亞洲司印度處，充任譯員。原因大概是這個位置既可以提高社會地位，又不必坐班，魚與熊掌兼而得之，男爵就可以在家中繼續其語文學研究了。

不久，幻想中的鋼和泰男爵終於要前往幻想中的國度了，一九〇三年八月他抵達孟買。一九〇四年五月，他在俄國皇家地理學會人類學部宣讀的報告（後以《印度旅行記》爲名發表）中解釋道，就像研習歐洲古典的人夢想訪問希臘和義大利一樣，他也一直渴望去印度旅行，並爲能親履其地而狂喜不已。他用極爲輕快的筆調描繪穿越印度的旅途，拉合爾（今屬巴基斯坦）的音樂學校令他興趣盎然，校中一位印度教徒能夠背誦整部《梨俱吠陀》，還專門爲他吟唱了幾頌。在貝拿勒絲，他駐留了三月之久，那裡聚集著許多博學的智者，使他得以搜集到大量有關印度宗教生活的新鮮材料。鋼和泰在報告中最後闡述道，儘管印度部落、種姓、部派繁多，但是，每一個集體都以一位恪守傳統的婆羅門爲首，因此，只要對梵文典籍進行充分研究，就可以理解古老而又神秘的傳統。

五年之後的一九〇九年十一月六日，鋼和泰在帝國大學東方語言系做了一次學術講演，題爲《玄奘和最近考古調查的成果》。這次講演實際上是一種資格考察，不久，他就被指定爲帝國大學的編外講師。假如說《印度旅行記》展現了作爲年輕梵文學者的鋼和泰男爵對印度和梵文的滿懷熱情，那麼，後一次講演則表明，作爲一名受過良好訓練，擁有豐富知識，掌握正確方法的學者，他已經站在學術生涯的門口了。在這次講演中，鋼和泰指出，有關古代印度的記載極少，玄奘提供的材料彌足珍貴。他不厭其煩地列舉了人們是怎樣利用玄奘行記中的材料進行考古發掘，而這一切又與斯坦因（A. Stein）及其他學者的考古探險成果相互吻合。鋼和泰男爵對印度尤其是它和中國、中亞的文化關係的濃厚興趣，顯而易見。

第一次世界大戰期間，鋼和泰的學生人數大爲減少，於是，他申請去中國兩年，到北京研究那裡所藏的藏文和蒙文文獻。一九一六年五月，鋼和泰離開彼得格勒，經西伯利亞前往北京。無論這位男爵如何富有幻想，也絕對想不到，他將永遠告別故土，前方的目的地將會是他度過餘生的第二故鄉。一九一七年，十月革命爆發，鋼和泰男爵的私人收入和薪水頓告中斷。凡爾賽條約簽訂後，新的愛沙尼亞共和國政府於一九一八年正式成立，新政府只爲男爵留下了極少部分產業，鋼和泰家族世代承襲的家業可謂頃刻化爲雲煙。他保留了愛沙尼亞國籍，人卻留在了北京，試圖找到一個教職。經查爾斯・埃利奧特爵士（Sir Charles Eliot，曾於一九一二年任香港大學校長，一九一九至一九二六年任英國駐日本大使，著有《印度教與佛教史綱》，漢譯僅見第一卷，李榮熙譯，商務印書館一九八二年出版）介紹，適之先生請他到北京大學教梵文和印度古宗教史（中華書局一九八五年版《胡適的日記》一九三七年三月十六日下）。學生自然不會多，薪水又時斷時續，過慣優裕生活的男爵也只能像大多數「白俄」那樣勉強度日。以列維（Lévi）和富舍（Foucher）爲首的法國同行試圖施以援手，然而，鋼和泰留在了中國，在艱難的歲月中平靜地繼續佛教和梵文研究。葉綏夫說，鋼和泰男爵堅信中國需要他來培養梵文學者！此時的男爵仍然滿懷著可敬的幻想。

也許多少能使男爵自己和我們後人略感欣慰的是，鋼和泰在中國並不孤獨，他的學術造詣得到了中國學者的承認與尊敬。還是來翻翻《胡適的日記》吧：一九二二年五月十一日「與Baron Staël-Holstein, Prof. Bevan, Mr. Gravi同去參觀京師圖書館」。二十四日「到俄舊使館……同席的爲鋼和泰男爵與丁在君」。二十七日「七點，文友會在來今雨軒開會，到者二十七人，鋼男爵演說《佛陀傳說中的歷史的部分》，鋼先生是俄國第一流學者，專治印度史和佛教史」。九月二十二日「晚間鋼和泰先生邀我與任公、在君吃飯。鋼先生近治《寶積經》的一部分，用四種中文譯本與梵文本及藏文本對勘，用力至勤，極可佩服。近來他又研究菩提流支譯的《大寶積經論》（金陵本），用藏文本對校，校出許多錯誤來……鋼先生這番功夫，於我們大有益處。他期望大學能設一個Department of Indian and Central Asian Philology（印度及中亞語文學系）」。二十五日，適之先生又爲鋼和泰事致函蔡孑民先生，「鋼和泰先生前夜談及巴黎、倫敦、柏林之東方學者現方著手整理《佛藏》，有信請他在中國方面覓人分任此事。他把信給我看了，信上說他們可以供給他需用的書報雜誌等。他因談起，北大可以向歐洲各東方學研究機關索取各種書報，他可以擔任通信接洽的事……我又想圖書館本有『東方室』久同虛設，不如給他管理，將來一定有大成績，因爲他的學業名望是歐洲東方學者都公認的」。十月二十三日「讀鋼先生的古印度史講義稿；其首論梵文一篇，甚有用」。二十四日「下午，爲鋼男爵譯述二時」。三十一日「上課。爲鋼先生譯述二時。鋼先生因爲我肯替他翻譯，故他很高興。此次的講義皆重新寫過，我也得許多益處」。十一月七日、十四日皆「爲鋼先生譯述二時」。一九二二年二月六日「爲鋼和泰先生譯『印度古宗教史』兩點鐘」。十三日「上課，爲鋼先生譯『古印度宗教史』二時。今天講完吠陀的宗教，共講了三個月，我自己也得益不淺」。二十日「上課，爲鋼先生譯述二時」。記錄了鋼和泰研究「本行經」的結果。二十七日「譯述二時」。三月二十日「上課。鋼先生說，巴利《佛藏》與大乘經藏不同之點，甚可注意」。二十六日「至鋼先生家吃茶」。四月四日「與一涵、澤涵、冬秀、祖兒同遊西山。在西山旅館吃飯後，他們上山逛八大處，我在旅館裡看鋼先生的《陀羅尼與中國古音》一文（此文當即發表在《國學季刊》一九二三年一期四十七至五十六頁的《音譯梵書與中國古音》，下面將談到它對音韻學研究的巨大影響——引者）。鋼先生引法天的梵咒譯音來考證當時的音讀，很多可驚的發現」。六日、七日、八日、九日都翻譯此文，並擬替鋼和泰考出法天的時代。五月九日「鋼先生來談。他說，北京飯店到了一批書，需二百六十元左右，他無錢購買，很可惜的。我看了他的單子，答應替他設法。下午一時，到公園會見在君與文伯，向文伯借了一百塊錢，到北京飯店，付了一百元的現款，把這些書都買下來了」。八月二十九日「邀鋼先生和雷興先生到公園吃茶，偶談學術上個人才性的不同。尉禮賢對於中國學術，有一種心悅誠服的熱誠，故能十分奮勇，譯出十幾部古書，風行德國。鋼、雷和我都太多批評的態度與歷史的眼光，故不能有這種盲目的熱誠。然而我們三人也自有我們的奮勇處」。

適之先生的文字就抄到這裡，暫時打住，未必抄全，何況日記本身就殘缺不全。文抄公卻仍然要做下去。在他自己的專門領域裡不必多說什麼了，鋼和泰男爵的影響還及於漢語音韻學。爲了便於說明問題，最好的辦法是引用權威學者的意見。於是只好再抄錄羅莘田先生名著《唐五代西北方音》「自序」開頭的一小段話了：「自從一九二三年鋼和泰發表了那篇《音譯梵書和中國古音》之後，國內學者第一個應用漢梵對音來考訂中國古音的，要算是汪榮寶的《歌戈魚虞模古讀考》。因爲這篇文章雖然引起了古音學上空前的大辯論，可是對於擬測漢字的古音確實開闢了一條新途徑。我在《知徹澄娘音讀考》那篇論文裡，也曾經應用這種方法考訂過中古聲母的讀音問題，我相信如果有人肯向這塊廣袤的荒田去耕植，一定還會有更滿意的收穫！」可見鋼和泰男爵的影響不僅在於考證某個問題，而是提供了一套行之有效的方法！

一九二六年，經過校訂的《寶積經普明菩薩會》梵文原本（附藏文及漢文譯本）終於在上海出版了。這是鋼和泰男爵最重要的學術成就之一。這項工作開始於彼得格勒，完成於中國，大概也是一種因緣吧。

鋼和泰淵博的梵、藏學識以及對佛教和喇嘛教的濃厚興趣，竟使他成爲許多佛教高僧和喇嘛們的朋友。他們千里迢迢前來拜會這位著名學者。男爵也由此直接感受到不同的宗教傳統，並且對佛教和喇嘛教的日益衰微戚戚於心。他竭盡全力收集圖片資料。一九二六年，他獲准參觀很久以來完全被人遺忘了的深處故宮的幾座喇嘛廟。在其中一座的樓上，他意外地發現了由七百八十七尊小銅像組成的喇嘛教神殿。欣喜若狂之餘，他著手拍攝照片。然而，僅僅只拍完了樓上的銅像，故宮方面就不允許他進一步拍攝了，一項很有意義的計畫就此夭折。

一九二八年，鋼和泰前往美國劍橋，將有關「兩座喇嘛教神殿」的資料交給哈佛大學圖書館以備出版。此年，作爲訪問教授，鋼和泰在哈佛授課。一九二九年九月就任中亞語文學教授，同年返回北平。這項任命使他的學術生涯和日常生活大爲改觀，不久就和同樣出生於貴族世家的奧爾嘉·馮·格瑞夫小姐結爲夫妻。

在鋼和泰的指導下，中印學院成立了。在中西方學者以及中國西藏、蒙古的喇嘛合作之下，他得以在更爲寬廣的領域中進行梵、藏、漢佛教文獻的比較研究。中國學者對鋼和泰的研究成果十分欣賞，有人甚至想把他選爲中央研究院院士，法國也授予他榮譽軍團十字勳章。鋼和泰男爵的學術生涯在中國達到了頂峰。大約就是在這期間，他和寅恪先生相識並且定期共同研讀梵典（《陳寅恪先生編年事輯》卷中在一九三三年條下引「流求筆記」提到兩位先生的交往）。

他的另一篇重要論文《一份在乾隆年間譯成梵文、在道光年間譯成漢文的藏文文獻》，發表於一九三二年的《北平國立圖書館館刊》。古代藏文文獻有相當大一部分譯自梵文，這是僅有的例外，在文化交流史上自有獨特價值。一九三五年六月出版的《燕京學報》的首篇，即是鋼和泰晚年最具價值的論文《論對十世紀漢字音譯梵贊的重新構擬》，通過構擬《佛說聖觀自在菩薩梵贊》的梵文原本，再次強調了這些音譯，尤其是音譯梵贊，不僅對於梵文研究意義重大，對於漢語音韻史研究也同樣如此；文章還特別指出，藏文本在比較漢語音譯和梵文原字時是不可替代的。

鋼和泰男爵在生命的最後五年裡，儘管健康狀況惡劣，卻置醫囑於不顧，依然拚命工作。一九三七年起，病情惡化，二月二日就醫診視，血壓已高達三百二十，終於一病不起，於三月十日去世。適之先生在當天的日記裡寫道：「鋼先生是一個純粹學人，終身尋求知識，老而不倦。」可謂知音。十八日，「十一時，與孟真、子水、從吾同到鋼和泰的奠儀，到者甚多。當奏音樂時，我不覺墮淚」。

充滿幻想的鋼和泰男爵身後留下了二十九種精深的論著，還有一妻一子一女，和一個在東西方人看來都有些稀奇古怪的高貴姓氏。

原載《讀書》一九九七年第一期

俠儒經師黃季剛

「弟子不必不如師，師不必賢於弟子」的道理原本不難明白，可謂是一句平常話語，但一出自「文起八代之衰」的韓愈之口，自然就不同了。久而久之，前一句話成了一些心比天高而不幸才比紙薄的後生們的尚方劍，後一句，則成了一些「都都平丈我」的所謂先生們的護身符。若起昌黎先生於地下，恐怕他老人家也只能徒嘆奈何吧！

眞正當得上這兩句話的師弟實在是少而又少，而章太炎黃季剛可謂符合至極。章太炎一直是後來學者們的熱門課題，而黃侃除了在極小的專門範圍內仍時常有人道及，對大部分讀書人來說，恐怕是快要淡忘了。這正應了章太炎在《黃季剛墓誌銘》中所說的話：『世多知季剛之學，其志行世莫得聞也。』

今年正值辛亥革命八十週年，而這位當年參加革命，而後又蜚聲學界的黃季剛先生「傷酒」辭世，也已有五十六個年頭了。

這篇小文不敢妄評先賢之學，那是專家們的事情，我們只想更多地把季剛先生看成是一個「學人」，而不僅僅著眼於他作爲「學者」的一面，看一看以辛亥爲標誌的那個偉大時代湧現出來的人物。那是個風雲變幻、光怪陸離的時代，爲它所哺育並被它的浪潮推湧出歷史地平線的人，都共同帶有鮮明的烙印：複雜、矛盾。一言以蔽之，在後來者看起來，就是——怪。

與康有爲相比，太炎先生門下承學之士極多，季剛先生尤爲卓然不群。錢穆先生云：「章氏去日本，從學者甚衆，然皆務專門，鮮通學，惟黃侃一人，最爲章氏門人所敬。」（《現代中國學術論衡》一一二頁）太炎先生自己也說：「學者雖聰慧過人，其始必以愚自處，離經辨志，不異童蒙。良久乃用其智。即發露頭角矣，自爾以往，又當以愚自處。不過三年，昭然若撥雲霧見青天者。斯後智愚雜用，無所不可。余弟子中獨季剛深窺斯旨。」（《菿漢閑話》）

季剛先生之所以投入章氏門下，其原因恐怕是師徒倆俠氣相投。那個時代留過洋的讀書人不是滿身俠氣，就是滿身怪氣。這並不奇怪，因爲那個時代所急需的與其說是純儒，還不若說是俠儒。儒而不俠，在當時就自現其怪。

太炎先生的俠氣不僅表現在投身革命、爲鄒容的《革命軍》作序，甚至也不僅僅是表現在大受魯迅先生激賞的用大勳章做扇墜，大罵蠹賊，因而被囚錢糧胡同；我們是否可以說，一氣之下欲赴天竺爲浮屠，乃至後來與當年的革命同志意見不一而大鬧彆扭，也多少有些俠怪之氣呢？在學理上，太炎先生也極推崇因無書而「不得附九流」的俠，不顧「豈惟儒家擯之，八家亦並擯之」，徑以「儒俠」名《訄書》之第五。太炎先生說「大俠不世出」，「然天下有亟事，非俠士無足屬」，而且這一條在重印本《檢論》中屢經增補，可見推許。而季剛先生對俠的推重比太炎先生可謂有過之而無不及。這一點在最早用筆名「運甓」發表在一九〇七年《民報》十八期的《釋俠》中，有淋漓盡致的表述。

季剛先生寫道：「俠者，以夾輔群生為志者也」，而當時「異族相殘，虔劉無藝，及其震疊威力，厥角若崩焉。乃暴虐貪殘，肆於民上，稍有蠢動，則遭芟夷」，正是俠者「夾輔弱族之時也」。「俠者，有所挾持以行其意者也」，既有所挾持，則「若蹴華岳以壓柔條，決海水以沃爝火，有何不滅者！」又說「俠者，其途徑狹隘者也」，因為救民之道雖多，而「獨取諸暗條，道不亦狹隘乎？」又說「俠者，其心寧靜，其事爽捷，其自藏幽瘞者也」，於是就可以「臨事奮發，雖以千萬人當之而不驚」。

在辛亥前夕這一特定的歷史階段裡，季剛先生自然將驅滿作為俠的首要任務。在《專一之驅滿主義》一文中，季剛先生認為「所亟者固當在種族之興衰，而不在政治上之良惡」，理由是「種之不保，何有於政」，因此「謂種為大，而政次之」，所以「吾曹所急，唯在摧破之事。而不必遽謀建設之方」。面對當時的情況及出於「滿人之增，漢人之滅」的考慮，作為一名激烈的民族主義者，季剛先生理所當然地認為，「是故建設之政治，為吾曹所不必預謀，謀之亦不克於無敗，則毋寧即事於種族之振興。種族不亡，其苦也有畛，種族既已覆滅，有椎心泣血以求此苦政而不可得者已」。

季剛先生不僅任俠以驅滿之重任，甚至將拯救生民這一任務也託付給了俠士。在《釋俠》一文中，他說：「世宙晦塞，民生多艱，平均之象，俛兆而弗見，則怨讟之聲，聞於九天。其誰拯之？時維俠乎……雖危起居，竟信其志，猶將不忘百姓之病。非大俠其孰能與於斯？古之聖哲，悲世之沉淪，哀烝民之失職，窮厄不變其救天下之心，此俠之操也。」

俠成了儒的理念的實施者，或者說二者原本就不可分。「俠之名，在昔恒與儒儗。儒行所言，固俠之模略」，又云「相人偶爲仁，而夾人爲俠。仁俠異名而有一德。義者，宜也。濟元元之困苦，宜孰大焉。儒者言仁義，仁義之大，捨俠者莫任矣。」

這種儒俠互釋，擅長小學功夫的季剛先生似不應有此種誤解。有可解釋者，恐是那個時代憤世衰弱，扼腕悲嘆，而儒學尙文不尙武，於是崇高剛毅，倡行武德爲天下率之風尙所使然。

其實，觀司馬遷作刺客列傳，我們就可以有感於一個文化現象，又不知如何闡釋爲好。春秋戰國，刺客輩出，鉏麑刺趙盾，專諸刺吳王，聶政刺韓傀……而西漢以降，以俠著名者日稀。其原因，一說爲「俠之不作，皆儒之爲梗」（湯增壁《崇俠篇》）。自西漢儒學定爲一尊，專崇六經，儒者挾天人之說，爲愚民禍始，而我民族勇健之質日就泯滅，無足與豪橫者抗爭。這恐怕也是民德墮落，俠者日稀的原因。近代激進學人則以爲「極高明而道中庸」的儒學，實爲國危種亡的罪魁，遂有「捨儒而崇俠」之論，並多有付諸行動，刺殺清朝大臣者。無論如何評說，「整頓乾坤手段，指授英雄方略」。在辛亥革命前十年的各種報刊中有大量文章推崇俠士之風，《中國白話報》載國民教育內容之一，即如何培養刺客文，從政治思想、體魄訓練、使用先進武器等方面設立課程。季剛先生之所以儒俠並稱，大概是他在另一方面仍堅持「體國經野，事資學術」的緣故吧！

思想上的共鳴再加上對季剛先生文辭情才的讚賞，使得太炎先生「見君文，奇之，要君往見，遂執贄稱弟子」（《蘄春黃君墓表》）。這裡頭大概還有一個原因，季剛先生在《釋俠》中提出的「尙覽古文字，大氐原於聲音，音通而義即相函」爲前提，「取其同聲之字，鉤索而比附之，以定斯字之誼」的方法，充分反映出「自幼能辨音韻」（《中央大學文藝叢刊黃季剛先生遺著專號序》中語）的才華功底，而且這與太炎先生所使用的方法別無二致。太炎先生可謂慧眼識人。據黃焯先生言，一九〇七春季剛先生回國省親，去向太炎先生辭行。太炎先生說：「務學莫如務求師，回顧國內，能爲君師者少，瑞安孫仲容先生尙在，君歸可往見之。」季剛先生沒有馬上回答，太炎先生又說：「君如不即歸，必欲得師，如僕亦可。」（《季剛先生生平及其著述》）耀先先生是季剛先生從子，其說自當可信。

時代不會輕易允許每一個人——作爲一個人，總有其自身局限——都實現他的理想。季剛先生儘管也沒有完全實現其理想，但確實是將理想付諸實行的。他曾加入同盟會，並因此而使得當時極爲賞識他的張之洞停止了官費資助；一九一〇年奔走於武昌、蘄春之間鼓吹革命，號召民衆，被豪傑之士稱爲「黃十公子」；回鄉發動孝義會，組織革命軍，謀「躡北軍之後。事洩，幾不免」（《蘄春黃君墓表》）。一九一三年，在《癸丑二月江行贈宋遁初》中，季剛先生寫道「中國獨分崩，筌宰責誰貸」。已經看清了袁世凱之圖，認定宋教仁的政治思想不可能實現，而自己也不再過問政治了。「自度不能與時俗諧，不肯求仕宦。」（《黃季剛墓誌銘》）

儘管如此，這一身俠骨俠氣又豈可遽滅。在不再需要俠的年代裡，季剛先生只能吟出「此日窮途士，當年游俠人。一朝時運乖，宿願不後申」（《效庾子山詠懷》九首之六）這樣令人感思的詩句了。在不需要俠的年代裡滿帶俠氣地生活並出任經師。季剛先生有些怪，實在是不足爲奇的了；而且也正是由於這怪，才能使季剛先生這一代經師人師的道德文章彪炳千秋！

一九一三年季剛先生應蔡元培之聘到北京大學文科任教，從此開始了他的教授生涯。據馮友蘭先生回憶，季剛先生「很叫座」，學生們甚至將他吟讀詩文之調命名爲「黃調」。芝生先生還用它教沅君先生（《三松堂自序》第三十七—三十八頁）。不久，「章黃之學」也不知不覺地叫開了。無論如何，在師徒俱在世的情況下，能共名師門之學，恐怕在中國歷史上也是絕無僅有的，更何況是與太炎先生這樣一位不世出的大師齊名呢？

季剛先生的敦古是有名的，比古人取去「天九」，甚至於「敦古不暇，無勞於自造」（《黃侃遺書序》），「見人持論不合古義，即眙視不與言」（《黃季剛墓誌銘》）。但這絕不是佞古，而是「疑事毋質，直而勿有」，「不輕改舊文，不輕駁前說」（《季剛先生生平及其著述》），也就是殷孟倫先生所說的「治學先從繼承入手」（《談黃侃先生的治學態度和方法》）。更爲有名的，恐怕是季剛先生的師道。

季剛先生既拜太炎先生爲師，據殷孟倫先生回憶：「二十餘年間執弟子禮始終甚恭敬，臨終前猶連連自言『垂老無成，辜負明恩』。他師事章先生，有議及章先生者必盛氣爭之。」（《談黃侃先生的治學態度和方法》）但這絕不等於泥於師說。他對太炎先生的名著《文始》、《新方言》均有所批評，而且可謂激烈。如說《文始》十分之四可商榷；評《新方言》則說：「非無一二精到之論，而比附穿鑿者衆。」（《訓詁學講詞》）在古文字學上，與乃師分歧更大。太炎先生不以甲骨爲然，有其《答金祖同論甲骨文書》爲證。而季剛先生則以爲「其物未必皆贗」（《說文略說》）。而且自己就有研究的打算。在《與徐行可書》中就說：「近世洹上發得古龜，斷缺之餘，亦有瑰寶。惜搜尋未遍，難以詳言。倘於此追索變易之情，以正謬悠之說，實所願也」，並一再託人代購有關書籍資料。由此可見，太炎先生所云「其爲學一依師法，不敢失尺寸」（《黃季剛墓誌銘》），只是一方面而已。

更爲學林所傳誦的則是季剛先生拜年齡相若而且交友已多年的劉師培先生爲師。當其時也，季剛先生早已成名，與申叔各有專長。這一拜師舉動可謂震動士林，且多有不解者，連太炎先生也知「季剛小學文辭，殆過申叔，何遽改從北面？」而且季剛先生也「嘗謂小學辭章，度越劉君」（《黃季剛先生遺書影印記》），但申叔四世傳經，《三禮》爲劉氏家學。季剛先生「重其說經有法」，拜申叔先生爲師，值此時申叔先生患肺病至重。據溫楚珩先生說，季剛先生於此時拜師，實爲「不如此不足以繼絕學」（見《辛亥武昌首義人物傳》）。這種「道之所存，師之所存」的境界令人肅然起敬。但季剛先生師道重於師人，一九一五年申叔想拉季剛先生入籌安會，季剛先生拍案瞋目：「如是，請劉先生一身任之。」而在劉師培病重之時，扶服四拜，這種舉動，非俠儒不爲！尤爲令人感佩的是季剛先生一直以「先師」稱申叔。《先師劉君小祥奠文》起首一句即是：「庚申年壬申朔，越六日戊寅，弟子楚人黃侃自武昌爲文奠我先師劉君」，文中說：「齒雖相若，道則既尊」，「敬佩之深，改從北面。夙好文字，經術誠疏，自值夫子，始辨津塗」。讀到這樣的至文，除了感嘆今日「師道之不存」，還能說些什麼呢？

作爲以小學爲主要領域的一代大師，更令人欽佩的，是季剛先生絕少或說沒有門戶之見，沒有師說的門戶之見，甚至沒有漢宋之學的門戶之見，後者就更爲難能可貴了。在《與潘婿書》中，季剛先生說道：「若夫養心制行，非問道於宋明先儒不可。近日日讀宋元明學案一卷，對於生平行事，悔吝多矣，何術以晚蓋？尙不能知也。」他還以「學問文章當以四海爲量，以千載爲心」，「以高明廣大爲貴」（《蘄春黃先生雅言札記》）的胸懷，批評清儒的驟言通假，爲小學懸起一個前所未有的高標格：「今日籀讀古書，當潛心考察文義，而不必驟言通假。當精心玩索全書，而不可斷取單辭。舊解說雖不可盡信，而無條條遜於後師之理。廓然大公，心如明鏡，然後可以通古今之郵，息漢宋之諍。」（汪東《讀〈王先謙《荀子集解》札記〉序》）

所以，在季剛先生眼裡，「學問」二字是極爲神聖的：學問有三德「正德、利用、厚生」；學問是「爲天地立心，爲生民立命，爲往聖繼絕學，爲萬世開太平」。

季剛先生就是這樣一位俠儒經師。一方面倨傲異常，與陳漢章先生言小學不相中，就要用刀杖相決；一方面又從善如流，與汪東同登匡廬，在絕險處火滅，對汪東神氣自若，嘆服至極。一方面定要弟子跪拜行拜師禮，一方面爲了留弟子多住幾天，竟爲弟子點一部書！

雖然季剛先生身上有許多東西只可能屬於他所生活的那個時代，但畢竟有許多東西是有永恒的價值的。季剛先生一意學術至死不渝，他的苦讀，他的對「煞書頭」的譏諷，臨終前猶不停圈點，侍母純孝，侍友純義……都是承繼了民族文化的優良傳統。

季剛先生是英年早逝的。他的死乍一看似乎純然是「傷酒」。其實這酒是季剛先生爲民族而飲的苦酒，對亡國亡種的憂慮一直存繫於這位俠儒的心頭。汪東先生在《蘄春黃君墓表》中說，季剛先生「晚歲講學金陵，聲聞日遠，東邦承學之士多踵門請益。遼瀋變起，君憤恨絕弗與通」。

年輕時的俠氣在異族入侵、民族又一次面臨危機的時刻再一次勃發。但是，季剛先生已無法再「長劍隨身」了，令人欲哭無淚，季剛先生「既志在恢復，嘗以易象占之，得《明夷六二》，曰：『明夷於左股，是其驗矣，唯應天合衆者，始有吉徵。今非所望？』徭是鬱鬱不自聊，益縱飲，或聲之於詩」（《蘄春黃君墓表》）。我們現在可以理解了爲什麼季剛先生在重九之日登豁蒙樓時會意不樂；我們現在可以理解了爲什麼季剛先生臨終前猶問家人，「河北近況如何？」最後嘆息道：「難道國事果眞到了不可爲的地步了嗎？」這絕不是臨終囈語！

季剛先生卒於五十大壽後不久。該年春月，太炎先生從蘇州寄來賀聯云：「韋編三絕今知命，黃絹初裁好著書。」這兩聯原不難解。上聯用「五十而知命」，下聯則有一段底話。季剛先生最忌急於著書，常以顧炎武「著書必前之所未嘗有，後之所不可無」自誡並告誡弟子。太炎先生以師長之尊，曾勸季剛先生著書，「人輕著書，妄也。子重著書，吝也。妄不智，吝不仁」（《黃季剛墓誌銘》），甚至還有些微詞：「季剛則不著一字，失在太秘」（《致潘承弼書五》），季剛先生答以年五十當著紙筆。因而上下聯均有所指。然而一代巨匠太炎先生竟沒有留意上聯中有「絕」「命」二字！汪辟疆先生爲之嘆息道：「見者咸嘆其工麗，而不虞龍蛇之讖，即隱寓其中。豈生死果有定數耶？」（《悼黃季剛先生》）其實，季剛先生已經覺察此讖了，他曾指之語劉賾先生：「此中有『絕命』二字」（《師門憶語》），竟於同年十月病故。

嗚呼，偉人之死雖不一定有其定數，但總會與常人不同吧？

原載《讀書》一九九二年第一期，與王守常合作

書信裡的陳寅恪

在十三種十四冊的三聯版《陳寅恪集》裡，最讓人翹首以待的無疑是《書信集》和《講義及雜稿》。

《書信集》所收的二百餘通書信，雖然有不少已經在此前刊布，但是發表這些書信的書刊並不容易找尋，現在匯成一冊，自然是讀者大爲歡迎的，更不必說很大部分此前沒有發表了。比如致陳述先生的二十餘通是《書信集》裡的第二大宗，最早發表在王永興師主編的《紀念陳寅恪先生百年誕辰學術論文集》，此書僅印了七百多冊。《書信集》的最大宗致傅斯年先生的七十七通，基本上是由台灣「中央研究院」歷史語言研究所的王汎森先生從該所的傅斯年檔案中檢出的，它們的價值更是不須多說的。

研究某個重要的歷史人物，書信的重要意義是怎麼估量也不會過分的。如可以補年譜之缺，一九二九年致傅斯年函（《書信集》第二十四頁，以下提到該書，只標頁碼）就有「弟接到哈佛聘書，囑授華梵比較之學，弟以與中央研究院有著書之約辭之矣」，爲蔣天樞先生《陳寅恪先生編年事輯》所未言。這種情況不在少數。有些甚至可以修正相當親近的人的說法，倘若沒有這些書信，親近者之言是很容易被當作信史的。如陳寅恪先生之女流求、美延關於抗戰時期的回憶，就有可以據書信補正的地方（可以比較《書信集》第八十四—八十八頁與《陳寅恪先生編年事輯》相應部分）；又如吳宓先生《答寅恪》詩自注有「聞香港日人以日金四十萬圓強付寅恪辦東方文化學院」之說，據《書信集》第八十五頁，當是「軍票二十萬（港幣四十萬）」。軍票是日軍掠奪占領地區的一大罪惡行徑，至今尚有受害者要求日本政府賠償。

《書信集》最有價值的部分，應該是致傅斯年函中反映出來的陳寅恪先生抗戰期間的生活，以及在顛沛流離、「死亡在即」（第八十四頁）之際體現出來的愛國精神。如打算赴牛津時，考慮「由港赴歐英船貴而遲，義德則中日戰爭時不可坐，免受精神痛苦」（第五十五頁），「上海亦在經濟上、政治上皆不能住」（第六十七頁），等等。

陳寅恪先生的律己之嚴、絕不苟且也在《書信集》裡有非常具體的反映。比如，「別有一點，則弟存於心中尚未告人者，即前年弟發見清華理工學院之教員，全年無請假一點鐘者，而文法學院則大不然。彼時弟即覺得此雖小事，無怪乎學生及社會對於文法學印象之劣，故弟去學年全年未請假一點鐘，今年至今亦尚未請一點鐘假。」（第五十頁）國難期間，更是疾呼：「今日我輩尚不守法，何人更肯守法耶？」（第九十二頁）這些都是非常感人的。

《書信集》中陳寅恪先生的有些話並不是毫不費力就可以理解的。取予間一絲不苟的陳寅恪先生自稱「無錢不要」（第一百一十二頁），這自然是戲言。「弟之生性非得安眠飽食不能作文，非是既富且樂不能作詩」（第九十二頁），卻是毫無矯情的實在話；打算「請某公補助」（當指蔣介石，第一百一十二頁），也是貧病交加之際爲了既不破壞規則，又能盡快取得資助的不得已之舉。同時，《書信集》裡屢次提到「弟好利而不好名」，「弟雖爲好利」等等，又當如何解釋呢？

這些話與陳寅恪先生的一個重要思想是密切相關的。《雨僧日記》一九一九年九月八日下記載：「陳君又謂：『……我儕雖事學問，而絕不可倚學問以謀生，道德尤不濟飢寒。要當於學問道德以外，另求謀生之地。經商最妙。Honest means of Living（謀生之正道）。若做官以及做教員等，絕不能用我所學，只能隨人敷衍，自儕於高等流氓，誤己誤人，問心不安。至若弄權竊柄，斂財稱兵，或妄倡邪說，徒言破壞，煽惑衆志，教猱升木（意爲以欺詐手段令人做某事——編者注），卒至顛危宗室，貽害邦家，是更有人心者，所不忍爲矣。』」

也就是說「獨立之精神，自由之思想」是要有一定的物質基礎的，並不是嘴上喊喊、手上揮揮的標語口號。這也充分說明了陳寅恪先生的通達。那些表面上口不言利，揮舞著道德的大旗，實際上卻無時無刻不在「弄權竊柄」、「妄倡邪說」的「高等」流氓，又豈能懂得這一點！

原載《南方週末》二〇〇一年九月六日

風住塵香花已盡

——韋蓮司．胡適．楊聯陞

一

題目涉及三個人，相關的書卻是兩本：胡適紀念館編《論學談詩二十年——胡適楊聯陞往來書札》，安徽教育出版社二〇〇一年八月版；周質平編譯《不思量自難忘——胡適給韋蓮司的信》，同出版社同時版。這兩本書都有台灣聯經出版事業公司的版本在先，我也都曾讀過，但無法購藏。兩本書的焦點顯然是胡適，而今皆由胡適家鄉的出版社刊布。這段因緣自然不能不讓人高興。

先說兩本書的書名吧。《論學談詩二十年》，儘管書名大概是我很尊敬的余英時先生所擬，卻因了胡楊二人不管他們自己在多大程度上以詩人自居卻實在都更是學人的緣故，主要還是論學，談詩的成分微乎其微，儘管做了「論學談詩」這樣的前後安排，卻總是給我一種名不副實的感覺；不過，這七個字的平仄實在頗爲講究，讀起來抑揚頓挫，給人一種絢爛歸於平淡的美感。再加上副標題裡的「胡適楊聯陞」更是吸引了我。《不思量自難忘》就大不同了，選自蘇東坡《江城子》的這六個字，又豈止周質平先生在「翻譯書後」中說的「道盡了胡、韋兩人五十年的深情和相思」，那種迴腸盪氣的幽悠怨戀砰砰然撞擊著一眼瞥見這本書的人，無法克制閱讀的欲望；副標題裡的「胡適」、「韋蓮司」，更是使對胡適有所瞭解的人即刻想起這段「熱烈而眞摯的感情」（周質平先生語）。別人如何，不敢懸揣，我自己確是想起了「風住塵香花已盡，欲語淚先流」的。

從內容上看，《論學談詩二十年》收錄了胡適致楊聯陞函八十八件，楊聯陞致胡適函一百一十七件，共計二百零五件。時間跨度爲一九四三至一九六二年，「二十年」云云正是實錄。編排非常仔細，按照時間、來往先後爲序。對這些函件中涉及的人物，編者做了有節制的注釋，雖然注文偶有可商之處，還是對讀者大有助益。可惜的是，錯字不可謂少，特別是外文的排印，問題頗大。不過，似乎也無大礙。讀者展卷一過，彷佛不間斷地聆聽了兩人二十年的娓娓長談；或者追隨兩位文史大家的杖履，在中國傳統文史的寶山間進行了一次目不暇接的遠足。也正因其漫長而連續，文史修養不足的讀者難免會像腳力不勝的旅人半途而廢，難以卒卷。

《不思量自難忘》則收錄了韋蓮司畢生珍藏的胡適來函一百七十五件，時間跨度爲一九一四至一九六一年，長達幾半個世紀。原件當然是英文。明眼人不難看出，周質平先生的譯文是很用了心的，力求「信、達、雅」之餘，似乎還有心替胡適用中文寫情書，努力回復胡適的獨特風格。這就更讓我感佩了（有些地方大概是由於專業限制的緣故，翻譯略有小誤：比如，第七十七頁，譯Hirth爲「賀斯」，似不知此君有中文名「夏德」；又如，第一百七十一頁，將日本學者Takakusu回譯爲「高草」，當爲「高楠」，恐是由Takakusu誤讀爲Takakusa致誤）。編排也是按照時間先後，周質平先生還別出匠心，用短短幾個字來標示每一封信，起到了關鍵詞和提要的作用。這在書信集的編撰中是不多見的。最大的遺憾是，沒有能夠像《論學談詩二十年》那樣將雙方的書信一併收錄。讀者聽見的就只能是胡適一人半個世紀的獨白傾訴了。周質平先生在「翻譯書後」中有一段催人淚下的話：「在這幕悲劇之中，他們兩人是編劇，是導演，也是演員，有時還充當觀眾。幕啓時，既無掌聲，也無噓聲，兩人悄悄上台，沒有腳本，也沒有對白，但男女主角卻動情賣力地演出了一幕又一幕的人間悲喜劇。」如今，原本就淒清寂寞的兩個人還「弱了她一個」，叫人何以堪受?但是，和《論學談詩二十年》畢竟不同，這種「主角缺席」並不必然就對閱讀和同情的理解帶來困難：男女之間的相識、相悅、相知、相戀、相思、相守原本就不需要什麼「史」、什麼「脈絡」，更不可能、不應該、不允許和「專業」有任何關聯。愛情是古今中外人心皆同的。學術的對話也許會因了兩造是胡適、楊聯陞而價值大增，愛情的對話卻並不因了兩造之一是胡適並因此吸引了喜窺名人隱私者而就殊象特見。也就是由於這個緣故，韋蓮司的缺席，竟許是一種正合了「此事古難全」的「不應有恨」的「殘缺美」呢！

二

「韋蓮司・胡適・楊聯陞」是依照三人的年齡排列的，這本是由於我無法想出「不思量自難忘」這樣的題目而出的無奈之舉。即便如此，我的蛇足之言也不打算順著這個次序來談，我想反其道而行之：先說楊聯陞和胡適，再談胡適和韋蓮司。

這也還是不得已之舉。《論學談詩二十年》有余英時先生的長篇序言，對這些書信的背景、胡楊兩人的交誼與個性異同都有極其精到的說明。尤以要言不煩地點明胡楊二人都是「學術本位的自由主義者」，令我信服。余英時先生更指出，胡楊的師生關係是戴震所謂的古代的「師友之間」，本質上始終不失爲學人的胡適又深受現代價值的影響，完全接受了在知識面前人人平等的觀念，因此這種論學就不同於中國傳統的語錄，而是體現了一種蘇格拉底對話式的精神。胡楊論學二十年，達到了「相悅以解、莫逆於心的至高境界」。這些也就足以說明《論學談詩二十年》的獨特價值了。然而還不止於此，余英時先生論學是向來少留剩義的，於是就還有更重要的一段話：「從它產生的歷史背景看，這一冊書也未嘗不可以說是二十世紀中國學術史上的劫後餘燼。這一堆劫後殘灰，一方面固然足以供後世讀者憑弔二十世紀中國所經歷的滄桑，但另一方面也必將會激發來者的弘願，踏在前人所遺留的業績上，重振『中國文史之學』！」

我還能多說些什麼呢？還是接著余英時先生說吧。

「踏在前人所遺留的業績上」，那麼，讓我們來看看《論學談詩二十年》裡，前人遺留下來的似乎並未及解決的問題，這對今天幾乎喪失了提問能力的中國的特別是大陸的文史學界，應該不無裨益吧？

舉其大者，胡適在信中希望楊「將來給我們一部最合學理又最適用的中國文法」（第三十八頁）。時間已經過去將近六十年了，我們敢說有了嗎？楊聯陞一九四四年九月十四日致胡適信談到的「我對於南北朝制度有一個看法」（第六十四頁），這個看法非常具體入微，我們在研究中意識到了並予以應用了嗎？一九四九年十月起，胡楊在幾年之間往復多次從象棋的來源討論到佛教最早傳入中國的路徑問題，推測佛教極有可能最早由南方海路傳入（第一百一十頁、第一百一十二頁、第一百五十七頁等），我們證明了或否證了嗎？楊聯陞在信裡提到「將來有功夫也許作個《釋氏要覽引書考》之類的文章」（第一百一十四頁），我們體悟了這個題目的妙處了嗎？《神滅論》的年代和產生背景（第一百四十二頁），我們眞的就斷然無疑了？佛藏和宋元兩代紙幣購買力有什麼關聯（第一百四十四頁），我們可能還沒有意識到這裡會有問題吧？三生業報和禍延子孫的根本區別何在（第一百五十一頁），我們是否已經可以說得更清楚了？名字中的「之」的確切含義以及是否與天師道有關（第二百九十七頁），我們恐怕就沒有像胡楊二人那樣就陳寅恪先生的觀點加以攻錯吧？「新莽」之「新」是地名或美字，有何傳統淵源，與經今文學、經古文學有什麼關係（第三百一十八頁），我們腦海裡有過這個疑問嗎？等等等等。這個問題的單子很可以抄下去。

我不知道，也沒有時間和興趣去查，究竟誰是倡言胡適「淺」的始作俑者。這個說法近來似乎因了那些不自己揣揣自身知識的肥瘠，以信口雌黃攻擊前輩學者爲高的酷評家的時髦，而很有流行的趨勢。先不論胡適是否「淺」，反正大概沒有人敢說「漢學界的警察」楊聯陞「淺」的。我拿手頭就有的楊聯陞的四本書，《國史探微》、《中國文化中報、保、包之意義》、《楊聯陞論文集》和《中國制度史研究》（四書間有重複者），和《論學談詩二十年》略加比勘，就足以證明余英時先生所言不虛：「楊在自己研究的範圍之內向胡求教，則往往得到『小扣大鳴』的效果。從一九四九年到一九五八年，楊的不少重要論著都曾獲得胡的攻錯之益，其中有關於考證材料的，也有涉及基本論點的。」然則，胡適眞的「淺」嗎？我在讀到胡適在「廁上」讀的居然是金武祥的《粟香四筆》（第二百六十二頁），確實是大吃一驚的。翻一翻《論學談詩二十年》，就可以明白胡楊等人的中學修養固無論矣，就是西學，在不久以前還很時髦的理論，也早就被他們納入討論的範圍了。再略微仔細地看看（比如，第二頁、第三百零二頁等等），曾幾何時，被我們奉爲至高權威的那幾位西方中國學家就那麼「深」嗎？

最令我感慨的還不在於此。上世紀五十年代，大陸傾全國學術界之力，大批胡適時編有批判集數冊，如今已是藏書家的無上秘籍了。據說，胡適在美國是不無得意地全部讀了一遍的。《論學談詩二十年》裡自然不會毫無反映。胡楊就很留意由美返國的朋友們的舉動。比如，周一良先生。楊聯陞在一九五五年九月二十八日的信裡就有一段話（第二百八十四—二百八十五頁）。我前此時候曾經寫文章悼念周先生，因此更願意將這段非常有助於同情地理解周一良先生的話抄在這裡：「今夏在萊頓舉行的少壯漢學家年會，中共派翦伯贊、周一良參加。正好葉理綏、費正清也去了，都與周一良談過（周一良在《歷史研究》那篇『西洋漢學與胡適』文中，曾說費正清是文化特務，見了面倒很客氣）。今天葉理綏給我看了一張照相，裡面有周一良，他比以前好像胖多了。站著的時候頭頂有幾分向前彎，還是他從前常有的那個姿勢（他那篇文章裡，沒罵哈燕社，哈佛的人除費外，只罵了魏楷一人，說他在中日戰爭時曾公然發表應聽任中國亡於日本之謬論。對西洋漢學家好像只捧了Arthur Waley一人）。」這段話值得細細品味，一份細緻的關切是躍然紙表的。他們對周一良先生等當時的大陸知識分子的瞭解，比起時下的自以爲是的酷評家們，高出何止一籌！周一良先生和楊聯陞先生晚年頗有快晤，其基礎豈不正在於此？

三

關於《論學談詩二十年》，勉強說了這一些。那麼，對《不思量自難忘》，難道就因爲它主要涉及的是胡韋的愛情，而關於愛情的認知，人心皆同，不需要專業學養，憑了這點似是而非的所謂理由，我於是就比較容易多說出一點什麼來？答案很簡單：不。理由也很簡單：一，已經有了「不思量自難忘」這般神來之題；二，已經有了周質平先生的「序」和「後記」；三，愛情本是至多只有兩人可以體味的最隱私的情感活動，外人實在沒有置喙的餘地。

但是，如此令人感動的文字，終會激發出什麼的。我想說的是，畢生在「作聖」與「率性」之間游移的胡適（這是羅志田先生《再造文明之夢——胡適傳》提出的說法），是一個相當複雜的歷史人物。如果說《論學談詩二十年》主要反映了「作聖」的胡適，那麼，《不思量自難忘》的胡適更多的是「率性」的，或者至少是徘徊在「率性」和「作聖」之間的。而且，也許後一個胡適更加接近眞實，更加血肉豐滿。

我實在找不到比「愛情」更合適的字眼，但我也確實知道，貫穿於《不思量自難忘》的絕不僅僅是一個浪漫淒怨的「愛情」故事。不，遠遠不止於此。讓我縱容一下自己作爲學人的職業惡習吧：發揮使一切枯燥的特長，用經訓練得來的乾巴巴的技術，來談論靈魂和情感。實際上，我覺得，在胡韋的愛情面前，學術應該止步了。

胡適和韋蓮司的故事，顯然可以以胡適一九一七年回國爲分水嶺分爲兩段。前一段只有三年多的時間，而後一段則有四十多年。這個劃分是不平衡的，但是這就是他們感情的眞實軌跡呵。

無論是當時的言語，還是後來的回憶，胡適都絲毫不掩飾地向比自己年長的韋蓮司表露過深深的感激。感謝她在自己的精神史上所起的無與倫比的重要作用。一九一四年十一月二十六日，胡適在給韋蓮司的第三封信中就這樣寫了：「我簡直無法表示在過去幾個月裡——多麼短暫的幾個月啊！——我是如何地沉浸在你的友誼和善意之中。我不知道在此邦我這麼說是不是不合適——一個朋友對另一個說，她曾經是他最感念，也是給他啓發最多的一個人。」在一九一五年五月二十九日的信裡，胡適這樣寫道：「長久以來，我一直需要一個能導我於正確航向的舵手。但到目前爲止，除了你，沒有第二人，能給我這種所急切需要（的勸告）。」胡適以善於對什麼人講什麼話而著稱，然而，韋蓮司卻無疑是他可以毫不顧忌地暢論思想的人。例子實在太多。就舉一小一大兩個例子吧。小到對一個人的評價，比如說黃興並不是一個了不起的人（第三十三頁）；大到關於國土歸屬的政見，比如認爲放棄南滿是一個「合乎邏輯的代價」（第五十四頁）！

我清楚地知道，就第一階段而言，在胡適給韋蓮司的信中，最具「學術」價值的，絕對是有關激進主義和民族主義的論述（隨處可見），這可以有助於理清後來對中國發生了巨大影響的胡適的這兩種思想的來源、發生、成熟、脈絡，對於研究胡適的早期思想是極其珍貴的第一手資料。但是，這些並不使我感動。甚至可以這麼說，信中反映出來的胡適和韋蓮司情感歷程的第一個階段，也不太能打動我。

然而，一九一七年六月二十日，胡適到達溫哥華，準備於次日登船回國，韋蓮司的信已經在那裡等待著胡適，胡適發出了我所劃分的第一階段的最後一信：「離開你（更不是一件易事），你的友誼豐富了我的生活，也深化了我的生命，想起你就讓我喜悅！」（第七十六頁）

年輕的胡適揚帆歸去了，韋蓮司留在了自己的家鄉。她默默地注視著大洋彼岸的胡適，聆聽著胡適結婚生子、母親去世的消息，關注著胡適參與的或發起的所有運動……《不思量自難忘》中沒有，但是我的記憶中清晰地保留著，而此刻我不願意鑽進書堆進行什麼學術的查核，我的感性和理性都告訴我這必定是事實：當胡適在國內「暴得大名」的消息傳回美國時，韋蓮司說道：「他在創造歷史。」印象中看到這句話時，我自己還是一個學生，當時體會到的是韋蓮司的爲胡適驕傲；現在，自己也不再年輕，感受到的更多的已是韋蓮司的驕傲的苦澀了。

無比繁忙的胡適博士也在思念著韋蓮司。思念是一種回憶，而回憶之所以有可怕的力量，正在於回憶能夠加劇思念。雖然書信偶有爲時不短的中斷，而且這些書信裡能夠吸引學者的學理討論也越來越稀薄，似乎不應該引起我太大的興趣。我卻不能不說，我更喜歡後期的書信，儘管這些信越來越短，越來越接近電報便條，學術含量越來越降低，但是我喜歡，而且越後期的越使我喜歡。

一如既往地向韋蓮司說著無法對別人說出的話。一九二六年九月五日正在巴黎看敦煌卷子的胡適給韋蓮司寫信：「我必須承認，我已經遠離了東方文明。有時，我發現自己竟比歐美的思想家更『西方』。」（第一百五十六頁）在由於時勢的緣故改變自己的和平主義立場時，依然情不自禁地想道：「從一九三六年六月起，我逐漸放棄了和平的主張。這些年來，我常想到你，你曾與我共持和平的思想，並深深的影響了我……『要是C（即韋蓮司）當天晚上在場，我在會議上第一次宣布，放棄和平主義，她會怎麼說？』」（第二百零二頁）在哪怕一個非常細小的環節，胡適都記掛著韋蓮司的感受，發現邀請信的發出地是綺色佳，可能是韋蓮司代發，擔憂拒絕了是否會使韋蓮司失望（第一百五十五頁），等等等等。

上天或者說歷史畢竟還是安排了他們的多次再見。一九二六年十月十六日，胡適身在倫敦，也知道新年之前很可能無法啓航赴美，心卻早已飛越大洋了：「中國有句詩說：『近鄉情更怯。』在我企盼訪美，尤其是去看你的時候，我眞有這樣的感覺。」（第一百五十九頁）這是什麼樣的感情呵。

相見時難別更難，每次的別離，無論是長久的還是短暫的，胡適的告別語都深深震撼了我。就說長久的吧，一九二七年三月三十一日：「整個〔美洲〕大陸也阻隔不了我對綺色佳的魂牽夢縈。」（第一百六十六頁）一九二七年四月三日：「在過去悠長的歲月裡，我從未忘記過你……我要你知道，你給予我的是何等豐富……我們這樣單純的友誼是永遠不會凋謝的。暫且別過。好好珍重。」（第一百六十七頁）短別也是一樣的難捨纏綿。讀到這些語句，任誰的心都會顫抖吧。

不必再引用了，我想這已經足夠。我只想說，當彼此牽掛的兩個人談論到老年的時候，不論這段感情的結局最終如何，也不論這兩個人的生命軌跡是否還會交會，就在這共同展望老年時光的一刻，永恒就已然出現了。也許這永恒竟如電光般短暫，但卻還是眞實的永恒。我無法說服自己放棄這一段話：「在你寫給我的信裡說：『我老了，〔頭髮〕也花白了。』讀到這幾句話，我有些悲傷。我也老了——至少，也老了一點兒……我簡直不能相信，你我〔在一塊兒的時候〕，我們〔會覺得〕老。你且等著我，我們再一塊兒散步，一塊兒聊天，我們再重過年輕的日子！」（第一百六十一—一百六十二頁）

真的足夠了，這就是胡適和韋蓮司，這就是《不思量自難忘》。

拚命「作聖」的胡適畢竟不是聖人，他的生活中也並不是只出現過韋蓮司一個異性身影，我們知道的至少還有陳衡哲和曹佩聲。若要細論，恐怕胡適和曹佩聲的故事還更符合世俗的關於戀愛或愛情的定義。

但是，韋蓮司終究不同，高舉「科學」大旗的胡適為了她可以以「十七」是「最愛的數字」（胡適生於十七日，小兒子生於十七日，韋蓮司生於十七日，見第一百六十八頁）。胡適可以將自己的兒子託付給韋蓮司，甚至將昔日的情人曹佩聲也託給韋蓮司照顧，只不過不贊成讓曹住進韋家。

一九五八年七月十一日，胡適已經離生命的盡頭沒有幾年了，在離開紐約回台灣前，他寫道：「這份友誼很久以前開始，一直維持到今天，對我們的一生有多方面的影響，這個影響是超過我們所能理解的。我一向珍惜這份友誼。」（第二百七十二頁）

胡適走了以後，韋蓮司還孤獨地在世上居留了一些時候。她在暮年，「將胡適五十年的來信、電報、信封，以至於片紙隻字都一一攝影，打字細校，寄給江冬秀，並請求胡適紀念館妥善保管」（周質平先生「序」）。

遙望天際，漆黑一片。遙遠不知處該有什麼所在吧，韋蓮司、胡適已在天堂重逢了吧。為了這個，我寧願相信天堂和來世。儘管我知道，這意味著也必須接受地獄的存在。

原載《文景》第一輯

趙元任的笑與哭

西諺有云：一個人的性格就是他的命運。這句話若是放到本世紀的中國學者身上，眞可謂是風馬牛不相及了。道理並不難明白：試問，除了屈指可數的幾個例外，誰能夠確保自己的性格不被扭曲，自由地發抒？誰能夠眞正地獨立，以本自天然的性格創造自己的命運？

趙元任則無疑當屬最爲幸運的例外之列。老天賜其獨厚，不僅給了他從事語言學研究和音樂創作所必需的「機官」（胡適語，原文如此）以及超凡脫俗的天分，還使他得享天年，而且給了他同時代人無法企及的機遇，三十三歲即與梁啓超、王國維、陳寅恪並列爲清華國學研究院四大導師，在故國陷於戰亂、瘋狂之時，又使他得以遠渡重洋，在世界一流學府中治學著述、授業解惑。因此，趙元任八十九歲的一生在很大程度是如意遂願、平靜安穩的，絕非亂世苟活。

這些當然都是值得羨慕的。不過，在凡夫俗子如我看來，實在是可遇不可求，過於高遠了。我羨慕的倒是趙元任順由其「滑稽生性」（還是胡適語），懷著「女人對男人的愛」（指對於學術的興趣，趙元任自己的比喻）和「男人對女人的愛」（指對於藝術的興趣），終其一生樂此不疲，以學術爲志業。「玩」和「學問」兩不耽誤，相得益彰。語云「知之者不如好之者，好之者不如樂之者」。趙元任就是「樂之者」。可以說，趙元任才是眞正達到了「玩學問」的境界。與此相比，時下強作瀟灑自居「玩學問」的學人，至多不過是叫化子過年——窮開心或苦中作樂——罷了；至於那些以爲學問誰都配玩的學術票友之流，那更是東施效顰，不堪與語了。

一九二六年，時年三十七歲的趙元任在《清華校刊》發表了十八條格言體的《語條兒》，其中有：「沒有預備好例如，別先發議論。」長者教不可違，下面就是「例如」。需要說明的是，首先，例子都出自趙元任的女公子趙新那、女婿黃培雲所編《趙元任年譜》（商務印書館一九九八年版）；其次，除了實在有趣的幾個例子，其餘都取與趙元任的學術興趣發展有關，且有一以貫之的脈絡可尋者。趙元任一生趣事妙語極多，可見《年譜》。

趙元任十三歲時，爲了使人聽不懂，先是用反切說話，後來更進一步，倒轉反切。後來，倒轉說話不僅是他多次表演的拿手節目，而且還成了他學術研究的課題，並有論文發表。再例如，趙元任從小就將英文字縮略，自創一套速寫方法。十五歲時某日日記有："bk la wd 2 pg"，意思是「書大字二頁」（book large word 2 page）。不中不洋，別人自然莫名其妙，時間一長，發明者本人也未必搞得明白。這種創造性縮略的方法，趙元任後來使用得不少。多年前，美國費城大學著名漢學家梅維恒（Victor H. Mair）教授曾惠賜 "*Chinoperl*"（「中國演唱文學」：*Chinese*

Oral and Performing Literature）一冊，當時就對這個別出心裁的創造性縮略佩服得五體投地。讀了《年譜》才知道，這個電腦拒絕承認，必定用紅色糾錯線標出的「英文字」，乃是趙元任在一九六九年提議的。還有純粹的創造。洋人原不知中國烹調之「炒」爲何物，“stirfrying” 就是趙元任發明，教給洋人的。電腦也不認，洋人可是經常要用。趙元任是著名的翻譯家，曾經寫有專文討論翻譯的信達雅問題，所譯的《阿麗思漫遊奇境記》早已膾炙人口。他對翻譯的關注是隨時隨地的。有些譯法很出人意表，如一直將「親愛的」音譯作「迪呀」，將法語的「你會說法語嗎？」（Plarlez vous francaise）音譯成「巴黎夫浪色」，更是令人不由地發笑。諸如此類的例子在《年譜》裡俯拾便是。

對語言文字，趙元任的確妙用到了出神入化的地步。比如，在《國語留聲片課本》第七課中用「韮油炒菜吃」、「偷嘗兩塊肉」爲例來說明「五字五聲」，妥帖之餘，妙趣橫生。堪稱「玩學問」之妙注。但是，以趙元任之好玩，出神入化偶爾也會變成「入神出化」。茲舉兩例。趙夫人楊步偉的《中國食譜》在美國是頗爲暢銷的。出版前先由女兒英譯，趙元任嫌譯得太單調，接管了翻譯工作。技癢難耐，在「炒雞蛋」這道菜下用英文加了個注：「當兩個蛋碰撞時，由於只有一個蛋撞碎，因此需要取第七個蛋來敲碎第六個蛋。如果，這也是很可能發生的事，第七個蛋先被敲碎而不是第六個時，最簡便的方法就是用第七個蛋而把第六個蛋放回去。另一個辦法就是先不確認蛋的順序，而是把第五個蛋以後被敲碎的那個蛋定義爲第六個蛋。」英文更妙。結果當然是被解除翻譯職務。另一個例子是，一九五二年，趙元任用準同音異形字寫成得意之作《石室詩士食獅史》，意猶未盡，四年後又成兩篇《憶漪姨醫疫》、《記飢雞集機脊》。在語言學界常被引用。第一篇還被《大英百科全書》收集在有關中國語文項內。衆所周知，趙元任參與倡導並且一貫支持漢語（羅馬字）拼音化，而上述三篇戲作倘若拼音化，如果不計四聲音調符號，都只需要、只能夠用一個拼音，分別是“shi”、“yi”、“ji”，卻正反映了漢語不同於拼音文字，因而難於拼音化的特點。這和自己的一貫立場完全相悖，而且替漢語拼音化的反對者提供了他們自己未必想得出來的絕妙佳例。看來是玩的成分居多了。

趙元任的漫長一生就是這樣任由其自然天性，在親密和睦的家庭裡生活，在相對公平的環境中工作，兩者水乳交融，走著以學術爲志業的道路，創造著自己的命運。「平常總是笑咪咪的」（趙元任長女如蘭語）。愉快的笑並非只是點綴，而是他生命的基調和主旋律。

很久以來，我一直有個疑問，趙元任難道就只有笑沒有哭嗎？翻遍厚達近六百頁，長達近四十五萬字的《年譜》，似乎也只有兩處提到趙元任「哭了」。一處是一九四九年二月二日，「擬祭薩（本棟）文稿寫哭了」。如果說這次哭還僅僅是有關私人交誼的個人感情的流露，那麼，另外一次恐怕就是那一代的學人在所難免，共同的悲情宣泄了。事在一九五六年（時年六十四歲）：「五月二日，擬灌製《長恨歌》與《琵琶行》錄音帶，幾次試誦，總以情不自禁，泣不成聲，不能卒讀而告終。最後只得改錄其他一些短詩。」日記載：「下午灌唐詩，練長恨歌琵琶行，老哭，只好灌了幾個短的。」看到這段催人淚下的文字，人們自然會聯想到和趙元任同時代的許多學人，如陳寅恪、湯用彤、吳宓，等等。培雲注：「通過此事，可以略見元任先生對中國古文化感受之深，感情之豐富，亦難免有天涯淪落之感。」眞可謂知言。趙元任的一生基本過的是象牙塔式的學院生活，表面上看來好像不食人間煙火，實際上他的「人生觀是入世的」（如蘭對其父一生的總結）。實則那一代的學人都是入世的，而其入世背後的眞精神就是這種未必流露，卻又是無法克制更無法消滅的文化悲情。

一九四五年，趙元任作爲美國語言學會主席致辭，一如既往的幽默風趣，照例十分注意別人的反映，是否都笑了。在當天的日記中得意地寫道："got the laughs where intended"（該笑的地方都笑了）。我想，這也是對趙元任一生最好的總結了——「該笑的地方都笑了。」

許多年以前，我在海淀的一個冷攤上意外地買到過一本《現代吳語的研究》初刊本，封面上有趙元任親筆題簽：「八勒佗叔叔格」。封底有這位叔叔的鉛筆題記：「時元任侄將赴粵調查也」，其名「忍林」。而今思人思書，眞是哭也未必，笑也無由了。

附錄三篇

《石室詩士食獅史》

石室詩士施氏嗜獅誓食十獅士時時適市視獅十時氏適市適十獅適市是時氏視十獅恃十石矢勢

使是十獅逝世氏拾是十獅屍適石室石室濕氏使侍試拭石室石室拭氏始試食是十獅屍食時始識是十獅屍實十石獅屍是時氏始識是實事實試釋是事

《憶漪姨醫疫》

漪姨悒悒易衣倚椅意疑異疫宜詣醫醫意以蟻胰醫姨疫醫以弋弋億蟻蟻一一殪蟻胰溢醫移蟻胰以醫姨疫姨疫以醫姨怡怡以夷衣貽醫醫亦怡怡噫醫以蟻姨醫漪姨疫亦異已漪姨以夷衣貽醫亦益異已矣

《記飢雞集機脊》

唧唧雞雞唧唧幾雞擠擠集機脊機極疾雞飢極雞冀己技擊及鯽機既濟薊畿雞計疾機激幾鯽機疾極鯽極瘠急急擠集磯級際繼即鯽跡極寂寂繼即幾雞既飢即唧唧

原載《萬象》第二卷第一期

江流世變心難轉

——吳宓先生的偉大悲劇

我們的歷史有太多的遺憾。大江東去浪淘沙，可惜築上了無數堤壩的東去大江泥沙俱下，也埋沒了無數的金子。只是金子終究不同於泥沙，早晚會以其固有的光澤讓世人矚目。吳宓差不多已被埋掩了大半個世紀。如果說人們對這個名字多少還有些記憶，那麼不同年齡的人的記憶也是不同的。而今上了年紀的人記得他是在新文化運動勢如破竹之時猶在振臂高呼「昌明國故，融會新知」的學衡派領袖；稍年輕一些的人記得他是被魯迅擠兌過的連稱星亦尚未釘好的國故店掌櫃；更年輕一些的人大概會記得他就是在文化大革命時還堅決反對批孔的「現行反革命」。總之，完整的吳宓似乎早已不存在。在人們腦子裡時隱時現的，只不過是讓遺憾的歷史撕碎了的殘片。如果將這些殘片拼合起來，那吳宓大概也只是一個只知山中只一日，不知世上已千年的老學究而已。令人慶幸的是，人不是平面的相片。

與陳寅恪、湯用彤合稱爲哈佛三傑的吳宓，在中國現代思想史上無疑有著無可替代的地位。和身爲「名父之子」隨身攜帶石印本《皇清經解》遊學列國的陳寅恪以及「幼承庭訓，早覽乙部」的湯用彤一樣，吳宓也出生於涇陽世家。在他的血液中早就融入了遺傳性極強的士文化因子。儘管他後來幾乎畢生以研究外國文學爲業，但對於安身立命於其中的中國傳統文化，早就有了一生不變的眷戀與執著。跟絕大多數留學生不同，幾年的留美生活不僅沒有減弱這種執著，反而使其更爲凝重了。在哈佛吳宓受教於白璧德（Irving Babbitt）。近代中國是個「高徒出名師」的所在，白璧德自然沒有像「暴得大名」的胡適的老師杜威（J. Dewey）那樣名徹中土。其實，白璧德可稱是與中國有宿緣的。其岳父杜德維（Edward B. Drew）曾旅居中國四十餘年之久。白璧德歷來高度肯定中國傳統文化，認爲儒家學說是其主體，並主張以之爲反對資本主義物化與非理性的重要工具。在中國國學日益淪亡的時節，白璧德還敦勸向他來學洋學問的中國弟子研究國學，甚而想使東西各國的儒者（Humanist）聯爲一氣，以冀成淑世易俗之功。在這麼一位洋老師的影響下，原來早已將柏拉圖（Plato）《理想國》所云「君子生當率獸食人之世，固不同流合污，偕衆爲惡，而亦難憑隻手，挽既倒之狂瀾……故惟淡泊寧靜，以義命自安，孤行獨往」（一九一九年九月八日日記）視爲至理，並自言「絕無用世之志」的吳宓，自然要贊同張鑫海所言「他年學問成，同志集，定必與若輩鏖戰一番」了。若輩者，胡適、陳獨秀之謂也，也就是說要「爲俗務」了。

不過，這「俗務」在吳宓是有著神聖意義的。假若說吳宓受白璧德的影響很大，那麼大致還可以說，他受穆爾（Paul Elmer More）的影響就是極深。曾被自比爲Aristolelian（屬亞里士多德學派者）的白璧德指爲Platonist（柏拉圖主義者）的穆爾，至少在性格上與被陳寅恪認爲瘋狂可能性達百分之七十，因感慨毛彥文遭朱君毅遺棄，欲取雙方通信爲小說材料，卻進而對毛女士開始了所謂「柏拉圖之愛」的吳宓更爲相近。在驚悉穆爾逝世之後，吳宓在一九三七年四月二十一日的日記中慨然寫道：「宓之受穆爾先生之影響，恐尙過所受於白璧德者。二先生晚年持論雖有不同，然只方向之差，先後緩急之異，根本全體絕無不同。蓋白師以道德爲言，穆爾先生以宗教爲勖。二先生皆以宗教爲道德之根據者也……嗚呼，自穆爾先生之逝，西洋賢哲中，無足動宓等之熱誠皈依崇拜者矣。雖有之，則學者與哲師耳。未能兼具蘇格拉底（Socrates）與耶穌基督之性行，悲天憫人，以化民救世爲志業者也。」我們大可以把這段感慨與一九一九年十二月四日日記中，「中國之儒，即極詳盡……特浸漬普通，司空見慣，而人在其中者，乃不自覺耳。而常人未之覺察，而以中國爲眞無教之國，誤矣」的斷言，以及對當時留學生倡言「耶教救國」大爲反對，贊同「耶教若專行於中國，則中國之精神亡」聯繫起來，顯然，吳宓是以一種宗教熱忱來「爲俗務」，甚至，我們可以說，中國傳統文化、傳統道德就是吳宓的宗教。那麼，我們是不是可以說，吳宓是「以不俗之心爲不俗之務」呢？

因此，當在一九二一年五月中旬，接到梅光迪勸他辭去北京高等學校之聘，轉就南京高師月薪僅一百六十圓之英語及英國文學教授時，吳宓之所以毫不猶豫，在其日記中加圈的《學衡》無疑是極爲重要的原因，他以及陳寅恪等「痛感欲融會西方文化，以浚發國人的情思，必須高瞻遠矚，斟酌損益」的意見，「昌明國粹、融化新知」的主張有了固定的表達園地。我們能夠把編輯《學衡》看成是「俗務」嗎？

後來的結果，世人大都是知曉的，我們也實在沒有心情去述及。在新文化運動已被飢渴了上千年的中國知識界當作靈丹妙藥，傳統幾乎與糟粕成爲同義語的時代潮流之中，無論是吳宓主編的《學衡》，還是他主持設計的清華國學研究院終於都沒能長久存在。王國維自沉後不久，吳宓與陳寅恪曾有一次長談。《雨僧日記》一九二七年六月十四日記道：「宓設二馬之喻。言處今之時世，不從理想，但計功利。入世積極活動，以圖事功。此一道也。又或懷抱理想，則目睹事勢之艱難，恬然退隱，但顧一身，寄情於文章藝術，以自娛悅，而有專門之成就，或佳妙之著作。此又一道也。而宓不幸則欲二者兼之。心愛中國舊日禮教道德之理想，而又思以西方積極活動之新方法，維持並發展此理想，遂不得不重效率，不得不計成績，不得不謀事功。此二者常互背馳而相衝突，強欲以己之力量兼顧之，則譬如二馬並馳，宓以左右二足分踏馬背而縶之，又以二手緊握二馬之韁於一處，強二馬比肩同進。然使吾力不繼，握韁不緊，二馬分道而奔，則宓將受車裂之刑矣。此宓生之悲劇也。」

今天，我們看來，二馬必定背道而馳，眞正的悲劇不是必須放棄事功，而是吳宓緊抱理想。

一九五八年，吳宓就因「漢字文言斷不可廢，經史舊籍必須誦讀」，而作爲「厚古薄今」的典型遭受批判。不改初衷的吳宓一九六一年八月赴廣州探望陳寅恪，在三十日的日記中寫道：「在我輩個人如寅恪者，則仍確信中國孔子儒道之正大，有裨於全世界，而佛教亦純正。我輩本此信仰，故雖危行言殆，但屹立不動，絕不從時俗爲轉移。」不轉移的結果，就是在一九六六年因反對批孔而被打成「現行反革命」，專政致殘。

一九七一年九月八日，吳宓曾致信中山大學革委會，打聽早在一九六九年十月七日就已含冤去世的陳寅恪的下落。信中在「教授」二字下猶密密加圈，似乎是指望這個頭銜還會令人尊敬或重視！不禁想起吳宓自己在臨終前竭力呼喊：「我是吳宓教授！我要喝水！」在名實俱乖、黑白顛倒的年代裡，吳宓先生，您還在像孔夫子那樣要求「正名」！

一九二七年六月十四日，也就是吳宓設二馬之喻的那天，陳寅恪曾說：「凡一國文化衰亡之時，高明之士，自視爲此文化之寄託者，輒痛苦非常，每先以此身殉文化，如王靜安先生，是其顯著之例。」吳宓自道：「寅恪與宓皆不能逃此範圍，惟有大小輕重之別耳。」

吳宓先生，您說此話時，想到近半個世紀後悲劇閉幕時的情景了嗎？

嗚呼！後人何言之有！

原載《文匯讀書週報》一九九二年八月二十二日

鄭振鐸與戰亂中的文獻

鄭西諦振鐸先生的名字，對於稍微讀點書的人來講，都可謂耳熟能詳。不過，在第二次世界大戰，尤其是日軍侵華占領上海期間，鄭振鐸甘冒危險，不辭勞苦，搶救大量的，特別是江南地區的古籍善本，使其中大部分精華不毀於戰火，不流於域外，爲保存故國文獻，特別是「江南文化」的長期積累，立下了巨大功勳，卻又不爲一般人所知了。一九九二年上海學林出版社繼一九八八年上海古籍出版社影印《鄭振鐸先生書信集》之後，又出版了劉哲民、陳正文先生所編《搶救祖國文獻的珍貴紀錄：鄭振鐸先生書信集》，內收鄭振鐸與張壽鏞、趙景深、張元濟、唐弢、夏鼐、郭寶鈞、顧廷龍、徐森玉、劉哲民、徐文坰、梁思永、郭若愚等先生的信函，凡四百零四通。大部分涉及戰亂期間搶救流散善本的活動。從中，不僅可以清楚地看到鄭振鐸搶救祖國文獻的卓越勞績，還可以體會到他對於善本保護及其利用的一些超越前人的觀點。

一

一九三七年「八·一三」抗戰起，東南各省尤其是江南地區，藏書家們累世珍藏的古籍善本大量散入上海舊書市。當時，各方人士包括敵僞方面（如梁鴻志、陳群、僞滿「華北交通公司」等）、美國方面（如「哈佛燕京學社」）都矚目於這批珍貴圖籍。時居上海的鄭振鐸先生目睹有些善本古籍落入敵手或流失異國，憂心如焚，遂與張元濟（時任商務印書館董事長）、張壽鏞（時任上海光華大學校長）、張鳳舉（藏書家、考古學家）、何炳松（上海暨南大學校長）聯名致電重慶，認爲必須盡快搶救這批文化財富。陳立夫（時任教育部長）、朱家驊（國民黨中央宣傳部長、中英庚款董事長）即覆電同意，並撥庚款原擬建築中央圖書館的百餘萬圓做購書款。於是，由上述五人組成「文獻保存同志會」，並由鄭振鐸在一九四〇年二月四日制訂「文獻保存同志會辦事細則」凡七條。可見，在張元濟以病力辭主事的情況下，從一開始起，鄭振鐸就在實際上主持這項造福子孫萬代的文化搶救工作了。同年底，我國著名的版本學家徐森玉（時任故宮博物院古物館館長）受委派抵港，協助鑒定收購，並且負責將所收善本運出上海。從一九四〇年初到太平洋戰爭爆發，在僅僅兩年時間裡，「文獻保存同志會」就購進善本珍籍達三千八百餘種，其中宋、元刊本三百餘種，幾乎與當時北平圖書館（今國家圖書館前身）所藏善本（見於其目者三千九百餘種）相埒！在質量方面，「文獻保存同志會」所收集者門類齊整，實用書、特別是史料書較多，且又包括了常熟瞿氏鐵琴銅劍樓、趙氏舊山樓、翁氏、丁氏、南潯張氏韞輝齋、劉氏嘉業堂、張氏適園、蘇州潘氏滂喜齋等，幾乎所有江南藏書家的精品，這些銘心絕品也由之大都歸於國家，不復隱匿人間了。至此，成立一個名副其實的國家圖書館尤其是其善本部，才眞正有了可能。

二

朱家驊、陳立夫在聯名發出的致上述鄭振鐸等五人的電文中，復引鄭振鐸的話說：「搜訪遺佚，保存文獻，以免落入敵手，流出海外。」這可以看作是鄭振鐸及「文獻保存同志會」諸先生在這兩年中的工作目的。然而，這並不能說明，這次在中國藏書史上，也許是規模最大的民間（主要是以民間名義及形式進行，且極端秘密，因重慶政府自然是不能出面的）搜訪搶救活動何以呈現出前所未有的特點與色彩，比如部類齊全，精善、孤本多，抄校本及實用史料書多等。固然，戰亂的特殊情勢造成了大量在平時秘不示人、深藏樓齋的古籍善本流散人間，但是，作為主持者的鄭振鐸對於這場前無古人、後無來者的搜訪搶救活動本身意義的認識，以及他獨有的版本目錄學觀點，卻不能不是這些特點與色彩得以呈現的最直接原因。

這是一場民間人士為國護寶的文化搶救活動，其首要特徵就是「為國為公」，而不是一般傳統意義上的為私為己以俾「宜子孫」或「子孫永寶」的藏書活動。

鄭振鐸在一九四〇年三月二十日致張壽鏞先生（以下不注明者皆致壽鏞先生）的信中說：

我輩對於國家及民族文化均負重責，只要鞠躬盡瘁，忠貞艱苦到底，自不致有人疵議……蓋原來目的，固在保存文獻也……如孤本及有關文化之圖書，果經眼失收，或一時漏失，爲敵所得，則尤失我輩之初衷，且亦大對不住國家也。故我不惜時力，爲此事奔走。其中艱苦，誠是「冷暖自知」。雖爲時不久，而麻煩已極多。想先生亦必有同感也。然實甘之如飴！蓋此本爲我輩應盡之責也。

在很多信中，鄭振鐸都表達了這種爲文化盡責的思想。如一九四〇年三月二十七日信中說：「我輩愛護民族文獻，視同性命。千辛萬苦，自所不辭。近雖忙迫，然亦甘之如飴也。」在如此這般的心境下，鄭振鐸在同年十月十五日信中竟同意何炳松的看法，在前線戰場屢屢失利的情況下，也認爲《晚明史料叢書》「過於淒楚，無興國氣象，擬多選有興國氣象之書加入」。這或許也從一個側面說明了，在「救亡」成爲時代主題的情況下，原本不應帶感情的學術要不帶感情地「純」，是多麼的不可能與不現實！

鄭振鐸的確是將這次搶救活動當作一場不見瀰漫硝煙的戰鬥來進行的。在一九四〇年九月一日信中，他說道：

爲國家保存文化，如在戰場上作戰，只有向前，絕無逃避。

同時又認爲「且究竟較馳驅戰場上之健兒們爲安適。每一念及前方戰士們之出生入死，便覺勇氣百倍，萬苦不辭。較之戰士們，我輩之微勞復何足論乎！」

其實，與當時節節敗退的軍事戰場比較，鄭振鐸等人所參加的是一場起以哀兵、與敵爭寶的主動進攻的文化戰爭。這倒應了在以摧殘文化爲其最主要惡果的那一段令人莫名其妙，復又萬分痛心的歷史中頗爲流行的四個字，曰「文攻武衛」了。

然而，在我們看來，這場戰鬥卻遠爲複雜。姑且不論這絕不是一場人皆能戰的戰鬥，這場特殊的戰鬥，對參戰者必須具備的高度的文化學術素養，是毋庸多言的。

當時，有各種各樣的日本人，以各種名義四處活動，其中不乏做所謂「文化調查」者。而漢奸比日人更可怕。鄭振鐸多次在信中提到，比如在一九四〇年八月八日信中所言及的「劉某」即是此類。劉某一到上海就到處借《適園藏書志》，顯然是動張芹伯藏品的念頭。鄭振鐸寫道：

此人甚可惡！嘉業書滿鐵原出四十五萬，彼來此，乃加價至六十萬，平空騰貴了不少。殊不可測！文化漢奸，實可怕之至！去年曾有一日人來此，做「文化調查」，結果，無一藏書家願與之見面者。彼只好廢然而返。今換了劉某來，已見到不少人，必大有所得矣。「物腐而後蟲生」，如果無內奸，外患必不致如此之烈！言念及此，痛憤無已！

這段話中的「物」大而言之，可以認爲指當時腐敗的國情；小而言之，自也可以指彼時的文化學術界。由之而生出的許多「蟲」，自然就是形形色色的漢奸了。不過，「劉某」之類的漢奸，其前要加上「文化」二字，他們的禍害，又豈止是令書價騰貴呢！

軍事戰爭中的盟友，也出現在這場文化戰爭中，而其角色實際上是以競爭者面目出現的敵對方。鄭振鐸在一九四〇年九月一日信中寫道：

可怪在價雖高而仍有人要。若燕京，若大同（代美人購書者），如遇彼所欲得之物，幾乎是不論價而購。平賈輩亦往往因此而索取從來未有之高價。關於史料之書，尤可不脛而走。

這就不難理解，爲什麼鄭振鐸等在很多情況下只能無奈地依靠與平賈「向來之交情」了。而美國人爭購的「史料之書」，又正是「文獻保存同志會」的搶救重點，我們在下節中還要談到。鄭振鐸對於這些替美國盟友購書的人，自然是不能像對「劉某」那樣橫眉痛斥的。在一九四一年三月七日信中，鄭振鐸的無奈一覽無餘：

（與袁守如）同來有王某，欲來此爲美國國會圖書館購宋版書，見面時，當勸其爲子孫多留些讀書餘地也！

相比之下，內部一些人對於書價高低等等的意見不合，自然是不足道了。

這場文化戰爭又有其在時間上的急迫性。一九四〇年四月前後，鄭振鐸敏銳地認識到，「此數月中是江南文化之生死存亡之關頭也。」時間在這場文化戰爭中是換不來空間的，一部珍籍善本，既不能像一座城池失而復得，也不能像一座城池毀於戰火而可日後重建。這種迫切之感，在書信中觸目可見。一九四一年八月十九日信中，在總結「失敗」原因同時，使用了「千鈞一髮」這樣的字眼：

終夜彷徨，深覺未能盡責，對不住國家！思之，殊覺難堪！殊覺灰心！反省：我輩失敗之原因，一在對市價估計太低，每以爲此種價錢，無人肯出，而不知近來市面上書價，實在飛漲得極多極快，囤貨者之流，一萬二萬付出，直不算一回事。而我輩則每每堅持底價，不易成交，反爲囤貨者造成絕好之機會。誠堪痛心！二在我輩購書，每不能當機立斷，不能眼明手快。每每遲疑不決。而不知，每在此千鈞一髮之際，便爲賈人輩所奪矣，亦緣我輩不敢過於負責之故。往者已矣，不必再談矣！談之，徒惹傷心！將來當有以自警、自勵矣！

我們還不能忘記，這場文化戰爭與軍事戰爭同樣地具有危險性，參與者隨時會付出生命的代價。數以千計的書通過徐森玉與唐弢先生設法秘密寄送或運離孤島。在一九四〇年十月十六日信中，鄭振鐸寫道：「現在此間環境日非，無人能擔保『安全』。」顯然不僅僅是指珍本書籍的「安全」。這一點，半個世紀後的受惠者們，又如何能想像呢？

三

無論如何，我們在這裡論述的畢竟是一場「文化戰爭」，因而，如果不能從文化學術角度對這場戰爭的對象、是的，以及主持者鄭振鐸的版本目錄學觀點，進行一番考察的話，那麼，就不能眞正地理解這場「文化戰爭」。

鄭振鐸的首要目的是想爲國家建立一個較爲完備的圖書館，這不禁使我們想到，陳寅恪先生在一九三一年，時値清華改制爲大學，兼建校二十週年之際，所做的一場演講，題爲《吾國學術之現狀及清華之職責》，文中清醒地指出，綜合當時各學科而言，都沒有眞正的獨立性或突破性進展，原因當然是多方面的，而「圖書館事業，雖歷年會議，建議之案至多，而所收之書仍少，今日國中幾無論爲何種專門研究，皆苦圖書館所藏之材料不足」，其原因則是，「中西目錄版本之學問，既不易講求，購置搜羅之經費精神復多制限。近年以來，奇書珍本雖多發現，其入於外國人手者，固非國人之所得窺，其幸而見收於本國私家者，類皆視爲奇貨，秘不示人，或且待善價而沽之異國」。

此文雖作於鄭振鐸等成立「文獻保存同志會」前近十年，但文章中所述的情況卻到彼時亦無根本性的改變。鄭振鐸竭盡全力，以保文獻不墮不失，其首要目的即在於爲國家建立一個圖書館，並且把它置於自己一己著書立說之上。在一九四〇年八月十二日信中，他寫道：

如能以我輩現有之財力，爲國家建立一比較完備之圖書館，則於後來之學者至爲有利，其功能與勞績似有過於自行著書立說也。

尤其是在那樣的時局，「能爲國建設一如此宏偉之圖書館，其工作之艱巨與重要，實遠在黃梨洲、葉石君等人以私人之力，收拾殘餘者之上十倍也」（一九四〇年九月二十一日信）。

在這樣的前提下，自然也就要求所收圖籍必須門類齊全，不廢一部了，而大量的珍本也得以留存了。鄭振鐸在一九四〇年六月二十九日信中就寫道：

（我輩）眼光較爲遠大，亦不偏促於一門一部，故所得能兼「廣大」與「精微」……大抵經我輩如此一搜羅，重要之書，流落國外者可減至最低度；甚至可以做到：除非經我輩鑒定認爲不收，可任其出國外，餘皆可設法截留。

在一九四〇年八月十二日信中，又提及「而在國家圖書館之地位上，亦似以放大眼光廣收群籍爲宜也」。

但是，「廣大」云云自然也不必凡書皆收，事實上也不可能。在力爭廣爲搜羅的同時，著重於實用與保存文化。鄭振鐸先生迥異於傳統藏書家的地方，也恰恰就是在這裡。所以，「我輩收書，不重外表，不重古董，亦不在飾架壯觀」（一九四〇年六月二十九日信）。

「不重外表」，大致上是說以書的本身內容來決定取捨，而不像當時北方首屈一指的藏書家自莊嚴堪主人周叔弢老先生，對圖籍有「五好」（指版刻好、紙張印刷好、題跋好、收藏印章好、裝潢好）的近乎苛求的盡善盡美要求；「不重古董」，則著重指不必像歷來傳統藏書家一樣，必以宋版元刻、黃跋顧校爲首要搜求對象。「不重外表」與「不重古董」，在某種意義上，都是指在對待有著文物性質的善本珍籍時，更偏重「文」而非「物」。於是，要收購《大明會典》時，就不收在傳統意義上版本價值高的楷書弘治本，而收後出但就因爲此而材料較多的萬曆刊本了（一九四〇年十二月九日信）。在這樣重實用及保存文化的版本學指導思想下，連版本學家、藏書家絕不會稍顧的鉛印石印本新書也大量搜求，不僅因爲此類書價廉，也不僅因爲其印數少且每成絕版，而且同時也因爲中央圖書館配齊一批，亦未始非要務也（一九四一年八月十九日信）。想到現在有些學者倡言「新文學著作版本學」，則鄭振鐸應是孤明先發者了。

就「精微」而言，鄭振鐸標舉出「應集中力量，購：㈠四庫未收及存目之書，㈡叢書，㈢清儒稿本及著作，㈣宋、元、明版之較廉者；㈤史料書」（一九四〇年六月二十九日信）。

關於第㈣類，在經費等諸多條件限制下，宋、元、明版只能選廉者購，通觀鄭振鐸的書信，如果此類書是孤本或有關重要史料者，往往不吝重値，蓋其同時具有文獻及文物價值也。而且當其他書價格過高時，鄭振鐸倒認爲「似尚不如購宋元本爲合宜也」（一九四一年五月二十日信），可見其通達。

至於㈠、㈡、㈢類，其實都可以歸入㈣即「史料書」中，從書信中，我們也可清楚地看出，鄭振鐸也是如此處理。「史料書」是鄭振鐸「精微」之「精微」，「重點」之「重點」。不惜重價收之。

在數百通書信中，鄭振鐸對「史料書」特加重視的意見可謂連篇累牘。如「此類史料書，爲四庫所斥者（見四庫存目），我輩必須收下……史料書不可與尋常集部相提並論」（一九四〇年二月二十三日信）；「此類書，關於『文獻』最巨，似萬不宜放手」（一九四〇年四月二十九日信）。

所以，像《平播全書》、《甲申朝市小記》、《明初伏莽志》、《鴻猷錄》、《嶺南文獻》、《嶺南焚餘》、《三朝寶訓》、《大明一統名勝志》等等，鄭振鐸極力主張收下：即使是竹紙本也照收；嘉業堂書精善本固多，但爲鄭振鐸矚目的則是其中大量的史料、稿本書。像《乾隆上諭》、《外交部檔案》、馮煦的奏稿、電稿，更是因爲關係近代史甚巨而必須收爲國有。這類書「價雖昂，亦應留之，其他『版本』書則應大加斟酌矣」（一九四〇年六月一日信）。

鄭振鐸對「史料書」如此重視，當然是與其本人超邁不群的版本學觀點有關。但是，也是民國史學界風氣的反映。民國新史學之所以屢有突破創獲，實在是與受西方、尤其是德國語文歷史考證學派的影響，將對第一手資料特別是檔案的重視與乾嘉的考據方法結合起來，有相當大的關係。對「史料」的重視，可由傅斯年「上窮碧落下黃泉，動手動腳找材料」這樣的詩句得到證明。

鄭振鐸收下的史料書中相當一部分日後得以刊布，成爲歷史學家不可或缺的要籍。

四

在這場爲期兩年的文化戰爭中得以保存的文獻，日後儘管有一部分流往台灣，但畢竟還在人間。解放後，鄭振鐸通過徐森玉老先生的哲嗣徐文炯（以字伯效行），設法將潘世茲寶禮堂捐獻給國家的百餘種宋、元刊本及陳澄中攜港的大批珍籍運回國內，均入藏北圖；而與「南陳」即陳澄中齊名的「北周」周叔弢老先生的自莊嚴堪藏書亦全部捐出。曾引起鄭振鐸在一九四一年八月十九日信總結「失敗原因」的宋余仲仁本《禮記》亦赫然在焉。可見，戰亂中的鄭振鐸並不是孤軍奮戰，「文獻保存同志會」又何止五人之數！

至此，幾乎全部的珍籍均已歸入了國家圖書館，由我們後人被其遺澤了。

原載《學術集林》卷六

一生爲東方文化招魂

——季羨林先生學術思想評述

從齊魯大地到清華大學

季羨林先生，字希甫，以名行。一九一一年八月六日生於山東省清平縣（今歸臨清市）官莊，家貧重學。六歲之前，師從馬景恭先生。六歲赴濟南投奔叔父。叔父無子，視先生爲己出。先生叔父自學成家，曾自編自選理學文章成《課侄文選》，教授先生。高小期間，先生開始學習英語。初中就讀於正誼中學。正誼校長鞠思敏畢生言行一致、氣節炳然，對先生人格之形成有重要影響。課餘參加古文學習班，習讀《左傳》、《戰國策》、《史記》等古籍。先生初中期間即無書不讀，尤好說部。

在正誼讀了半年高中之後，先生於一九二六年轉入山東大學附設高中。曾作《讀〈徐文長傳〉書後》，獲齊魯名儒國文教師王崑玉激賞，批道：「亦簡勁，亦暢達。」先生由是研讀韓、柳、歐陽、三蘇諸家文集。因考試成績連續名列第一，時任山東大學校長的前清狀元，平時惜墨如金的王壽彭先生親書對聯、扇面以爲獎勵。並於此時始學德文。

一九二九年，先生轉入山東省立濟南高中，在胡也頻影響下，開始閱讀由日文轉譯爲中文的馬克思主義文藝理論書籍，並作有《現代文藝的使命》等文。在董秋芳（冬芬）影響下，開始用白話文寫作。董對先生十分賞識，許爲「全校之冠」。

次年，先生赴北平，同時考取北京大學和清華大學，這在當時是相當少見的。先生決定入清華大學西洋文學系。先生自己回憶，大學期間所修課程中對先生影響最大者有兩門：朱光潛先生所授的「文藝心理學」及陳寅恪先生所授的「佛經翻譯文學」。一九三四年，先生畢業，學士論文爲"The Early Poems of Hoelderlin"（《荷爾德林的早期詩歌》），導師艾克教授（Prof. Ecke）。大學期間，先生與吳組湘、林庚、李長之等往還甚密，討論評騭中外文學作品，並且創作發表了大量散文作品，翻譯了許多西方文學名作，名列《文學季刊》的特約撰稿人。雖然出於各種原因，先生沒有應同學胡喬木（時名胡鼎新）動員加入中國共產主義青年團，但是，仍然到胡主辦的工人子弟夜校教書，並且積極參加了清華大學南下請願團，臥軌絕食，要求出兵抗日。

畢業後，先生應濟南高中宋還吾校長之邀，返魯任國文教員，同時繼續參與編輯某大報文學副刊。期間，鄭振鐸先生請先生將幾年來所寫散文編集，收入他主編的一套叢書予以出版，後因先生出國未果。

留德十年

一九三五年，清華大學和德國學術交換處（DAAD）簽訂互換留學生合同。由於先生在清華主修德語專業，四年成績全優，一申請即獲通過。同年秋，入哥廷根大學，主修（Hauptfach）印度學，副修（Nebenfach）英國語言文學和斯拉夫語言文學。

先生做出這樣的選擇是有深沉的理由的。從學術大潮流來看，清末以來天竺聖方一直是中國知識人除了西方、日本之外的另一個關注點。黃侃曾在《蘄春黃先生語錄》中概括道：「近人之病有三：一曰郢書燕說之病，一曰遼東白豕之病，一曰妄談火浣之病。」章太炎、蘇曼殊等皆可爲例，他們甚至還都研習過梵文。從學術小環境來看，陳寅恪、湯用彤先生將西方的東方學和中國傳統考據之學加以結合，開闢了新的學風，對有志預流的青年學者產生了振聾發聵的影響。就先生個人而言，早就立下志願：「中國學術要發展，必須能直接與西方一流學者相抗衡……眞有本事，就應去和西方學者爭論他們的學問，與國人討論中國的學術。」決意不作有關中國的題目，甚至也不考慮將漢學列爲副修，以節省精力。這種做法和當時留學生的風氣迥異。連在清華時即著才名的喬冠華爲了早得博士，也不惜如魯迅所譏諷者以莊子爲論文題目。喬固非不能者，尚且如此，他更無論矣。

先生師從哥廷根著名學者瓦爾德施密特（Waldschmidt，陳寅恪先生譯作「林治」）、西克（Sieg）、布勞恩（Braun）等教授研習梵文、巴利文、吐火羅文、俄文、南斯拉夫文、阿拉伯文等等，還短時間學過希臘文、拉丁文。留德十年的大半時間由於第二次世界大戰的原因，生活非常艱難。用先生的話來講：「機聲隆隆，飢腸雷鳴；人命危淺，朝不慮夕。」但是，先生則「積稿盈案，樂此不疲；開電燈以繼晷，恒兀兀以窮年」。先生認爲，這十年是自己學術生涯中的黃金時段，以後再也沒有過了。

一九四一年，先生以全優成績通過口試和論文答辯，獲哲學博士學位。導師瓦爾德施密特教授，論文題目是“Die Konjugation des finiten Verbums in den Gāthās Mahāvastu”（《〈大事〉迦佗部分的動詞變化》）。《大事》係用佛教混合梵語寫成的小乘佛教大衆部說出世部律典，向稱難治。先生是全面系統研究該部分動詞形態特徵並加以總結的第一人。此文在當時引起了不小的轟動，不僅瓦爾德施密特教授、西克教授認爲極好，而且連克勞澤（Krause）教授也讚不絕口。克勞澤是比較語言學界的非凡人物，自幼雙目失明，卻有著驚人準確的過耳不忘的記憶力，掌握數十種語言。他對先生論文中有關語尾-mathe的一段附錄給予了極高評價。因爲古希臘文裡也有類似的語尾，所以，先生博士論文的成果對印歐語系比較語言學的研究具有突破性的重大意義。

在這段本身不算太長的黃金時段的餘下的近五年時間裡，先生還用德文在哥廷根重要學報上發表了好幾篇經典性論文，篇幅之大都接近甚至超過了專書，得到了學界的極大重視，幾十年來反響不絕，從而奠定了先生印度學、佛教學、吐火羅語研究的權威地位。一九四四年，先生出版了引起半個多世紀討論的名作*Die Umwandlung des Endung-am in-o und-u im Mittelindischen*（《中世印度語中語尾-am向-o，-u的轉換》）。這項研究的貢獻在於，先生發現並且證明了這種語尾轉換乃是中世印度西北方言犍陀羅語的特點之一。此書在發表後不久即引起軒然大波，美國著名梵學家艾哲頓（F. Edgerton）在一九五三年出版的*Buddhist Hybrid Sanskrit Grammar and Dictionary*（《佛教混合梵語語法及字典》）的導論部分，用了好幾個章節的篇幅來與先生爭論。先生對這個問題的關注跨越了半個世紀，以後還有論文加以討論。在先生回國任北京大學教授後的一九四九年，實際上先生於一九四五年回國前已經完成而留在德國的一部論著，由瓦爾德施密特教授安排在哥廷根刊行，這就是名著*Die Verwendung des Aorists als Kriterium fuer Alter und Ursprung Buddhistischer Texte*（《使用不定過去式作爲判定佛典年代和起源的標準》）。在其中，先生指出並且證明不定過去式是中世印度東部方言半摩揭陀語（Ardhamagadhi）的一個語法特徵，文章的意義在於爲在缺乏或者說根本沒有信史傳承的印度歷史背景下，判明佛教研究所必須瞭解的佛典年代和來源地提供了相當可靠的語文學方法。這項成果一直備受學界重視。一九八〇年，先生訪問日本。由於先生受多重因素限制，多年以來被迫中斷了對該領域的研究，因此，當時的日本學者雖然都知道先生是北大副校長、著名學者，但是對先生與印度學的關係卻不甚了了。日本梵學大家原實教授藉著酒意問道：「聽說您在德國學過梵文，教授是哪一位？」先生答道：「在哥廷根，教授是瓦爾德施密特。」原實教授接著問：「您或許就是那位研究梵語不定過去式的Dschi Hianlin（先生名字的德語拼法）？」據後來到北大師從先生獲得博士學位的日本優秀梵文、佛教學者辛島靜志教授回憶，事後，原實教授對他說，他簡直不能相信，四十年代就發表了兩部德文專著、推動佛教混合梵語研究的學者，三十多年後竟坐在自己面前。

二戰期間，瓦爾德施密特教授被徵從軍，已經退休的西克教授被回聘，先生遂從其研究《梨俱吠陀》、《波你尼語法》、《大疏》、《十王子傳》等印度古典。西克教授是吐火羅語研究的奠基人，先生從其遊，成爲東亞通曉這種天書的第一人。一九四四年，先生在ZDMG（《德國東方學會學報》）上刊發長文"Parallelversionen zur tocharischen Rezension des Punyavantā-Jātaka"（《〈福力太子因緣經〉吐火羅語本諸異本》），利用該經的其他語言、特別是中文譯本，確定吐火羅語本某些詞彙的語意，爲當時對該問題幾乎束手無策的歐洲學者別開蹊徑，在方法上取得了典範性的突破，至今仍然被吐火羅語研究者遵奉。

一九三七年起，先生兼任哥廷根大學漢學講師，與著名漢學家如夏隆（Gustav Haloun）、韋利（Arthur Waley）、馮・梅興—黑爾芬（Otto von Maenchen-Helfen）相從論學往還。先生在漢學系圖書館閱讀了大量漢籍，尤其是筆記小說和漢文大藏經，爲此後不得已的某種意義上的轉行打下了堅實基礎，使得先生迥異於離開了西方本行資料只能完全中斷研究工作的留洋學生，回國後，儘管只有像先生自己戲言的那樣「有多大碗吃多少飯」，卻依然能夠很快地另闢新徑，在新領域裡做出令人矚目的貢獻。

無奈的看碗吃飯

先生於一九四五年秋冬之際，急切而又依戀地告別了生活工作十年之久的哥廷根，居留瑞士半年。次年春末，取道法國、越南，一路備極艱辛，經香港於夏末回到闊別了十一年的故國。同年秋，陳寅恪先生將先生介紹給胡適、傅斯年、湯用彤先生，先生遂應聘任教北大，在當了一個星期的副教授後，即被聘爲教授並任東方語言系創系系主任（先生擔任此職直至一九八三年，文革期間除外）。爲此，先生辭去了已轉任劍橋大學漢學教授的夏隆赴劍橋任教的聘請，全身心地致力於培養中國東方學學者，建立、完善並推動中國東方學的發展，成爲中國東方學之父。

雖然鄭振鐸先生認爲到北大教梵文幾乎是一份理想的工作，不過，即使是北大，儘管後來有了陳寅恪先生因無錢買煤而以兩千美元的低價轉售的一批東方語文書籍，以及更晚一些時候湯用彤先生捐贈的一批梵文、巴利文書籍，圖書資料仍然遠遠稱不上完備。先生不得不就自己的研究方向稍作變更，轉以有大量漢文材料可資利用的佛教史、中印乃至中外文化交流史爲主要領域了。「有多大碗吃多少飯」就是針對這種情況的無奈之言。一九四七年，先生的名作《浮屠與佛》經陳寅恪先生推薦，發表在《中央研究院歷史語言研究所集刊》上（英文本刊於*Sino-Indian Studies*）。此文堪稱發千古未發之覆，考明梵文的Buddha在龜茲文中變化爲pud或pūd，在焉耆文中作pät，此乃「佛」的直接來源，故「佛」非「佛陀」之略稱，反而後者是前者之加長。由此，不僅說明了「佛」在漢譯佛典中的出現早於「佛陀」這一史實，更重要的是，還揭示了佛教並非直接由印度，而是通由中亞間接入華的。佛經譯者用來母字翻譯梵語的頂音，這個現象曾使許多音韻學家困惑不解。先生在一九四八年撰寫了《論梵文ṭ ḍ的音譯》，指出中文用來母字翻譯梵語的ṭ ḍ是由於早期的佛經係用俗語（Prakrits）寫成，而在俗語裡正有ṭ>ḍ>ḷ的語音變化。先生將這個語言迻譯過程分爲後漢至魏晉南北朝、南北朝至隋、隋以後三期。藉此，先生最早明確強調「華梵對勘」必須有一前提，即必須首先證明音譯字直接譯自梵語，否則無從勘起。可惜，許多學者在從事對音工作時，沒有意識到這一點，結果自然怪說蜂起，舛誤百出。運用華梵比較，解決漢文典籍眞僞問題，是先生運用純熟的研究方法之一。《列子》係僞書，少有異議，然而這部僞書究在何時造成？造僞者何人？則無人能夠斷言。先生於一九四九年發表《〈列子〉與佛典》（英譯文刊*Studia Serica*），發現《列子・湯問篇》中有一段與西晉竺法護所譯《生經》卷三《佛說國王五人經》卷二十四中之故事雷同，進而廣徵博引，證明《列子》出於太康六年（二八五年）之後，本文、序及注均出自張湛一人之手。同年發表的《三國兩晉南北朝正史與印度傳說》（英譯本刊*Studia Serica*），引用梵文、巴利文、吐火羅文材料，考證上述正史所載諸帝形貌實有佛教傳說雜糅附會於其間。研究手法之圓熟、考證之細密，令人嘆爲觀止。

一九四九年後，東語系改爲以培養黨的外交、翻譯人才爲現實服務爲主，在急遽擴大的同時，逐漸走上了與創立之初的宗旨不同的道路。先生任一級教授、學部委員，在仍然擔任系主任的同時，各種兼職壓到了先生身上，行政工作加重了。在整個大環境的影響下，研究方向也發生了更大的變化。先生的領域無奈地移向印度文學、近現代印度史、中外文化交流研究。先生翻譯了《五卷書》、《優哩婆濕》、《沙恭達羅》、部分《十王子傳》和《佛本生故事》，發表了大量的評論介紹文字以及研究泰戈爾（R. Tagore）的文章；出版了《印度簡史》、《一八五七－一八五九年印度民族起義》；撰寫了研究造紙、造紙法、蠶絲傳入印度問題的論文，將有關論文編成《中印文化關係史論叢》。除此之外，先生還和曹葆華合作，翻譯了馬克思（K. Marx）有關印度的論述，編成《論印度》一書。翻譯工作還延伸到德國文學，如托馬斯．曼（T. Mann）的《沉重的時刻》和《安娜．西格斯短篇小說集》。這段時間，先生創作了大量歌頌新中國的散文。

至於先生的老本行，由於各種原因，顯得相對寂寥了。但是也發表了《記〈說一切有部律〉梵文原本的發現》、《吐火羅語的發現與考釋及其在中印文化交流中的作用》等論文，提出了不少新的看法，不過主要以介紹爲主，與留德期間的工作情況不同了。在這段十多年的時間內，先生僅有的兩篇研究原始佛教語言的論文都是由於偶然機緣寫成發表的。一九五六年，據印度傳說，乃釋迦牟尼涅槃二千五百週年，先生特撰寫了《原始佛教的語言問題》，在無從利用歐洲戰後發表的西方學者研究成果的困難條件下，以漢文材料爲依傍，證明了使歐美學者聚訟不已的"sakā nirutti"既非指「佛自己的語言」，亦非「文法」，而是指「比丘們自己的語言」，也就是說，佛允許比丘用各自的方言俗語來學習佛言。這裡所指明的實際上是一個非常重要的歷史事實：原始佛教不允許比丘使用梵文來學習佛法，也並未規定以某種語言作爲標準經堂語。上文提到，先生的兩部德文論著引起了印度學界的軒然大波，不過，先生瞭解到這個情況要晚至一九五八年。北大圖書館當時還可以從國外訂購學術書籍，先生也就有機會看到艾哲頓於一九五三年出版的皇皇巨著《佛教混合梵語語法及字典》。針對其中與先生的爭論，先生於一九五八年發表了《再論原始佛教的語言問題》，反駁艾哲頓的意見，贊同德國梵學巨匠呂德斯（Heinrich Lueders）的說法，主張原始佛教有一種用佛教原始語言，即印度古代東部方言半摩揭陀語寫成的佛典，以大量的材料，再次論述了自己的觀點。

在「文化大革命」之前，先生基本上被看作是「又紅又專」的典型，加上在高級知識分子中罕見的窮苦出身，一貫謹言愼行謙虛下人的高尚品格，儘管也不可避免地受到衝擊，但是生命尙未受到威脅，物質生活尙有保障，工作環境雖不完美卻也尙未遭到徹底摧毀，授業著述的自由尙未被剝奪。然而，一場踐踏了先生學術生命中最好的十二年中年年華的大革文化命的狂風驟雨到來了。

瘋狂歲月裡的壯舉

從文化大革命初始時期到工作組被趕跑，先生還是被劃在「臨界線」上的，基本屬於「人民內部矛盾」。不久，先生按捺不住義憤和正義感，主動跳了出來，反對不可一世的「老佛爺」聶元梓，其結果當然是馬上被打成「資產階級反動學術權威」、「黑幫分子」，在歷經極其野蠻的批鬥，飽受精神與肉體的摧殘之後，被關進了「牛棚」。工作的權利理所當然被徹底剝奪，生活水平也被降低到幾乎難以維生的地步，遭到慘無人道的殘酷迫害。這一切都眞實地記錄在《牛棚雜憶》之中，諸般喪心病狂的暴行就不在此詳述了，引用一段樂黛雲教授的回憶也就足夠了：

「……迎面撞上一群紅衛兵敲鑼打鼓，喊著口號，押著兩個黑幫分子遊街，走在後面的是周一良教授，走在前面的就是先生！他們兩人都是胸前掛著牌子，背上扣著一口食堂煮飯用的中號生鐵鍋，用細繩子套在脖子上，勒出深深的血印。紅衛兵們推推搡搡，高呼著『廟小神靈大，池淺王八多』的最高指示……那背上的黑鍋就是『王八』的象徵。先生吃力地向前走著，一縷血紅的殘陽斜抹在他汗涔涔的臉上。我陡然與先生的目光相遇，那是怎樣一雙眼睛啊！依然清澈，依然明亮，沒有仇恨，沒有恐懼，只有無邊無際的仁愛和悲憫，凝視著那些虐待他的、無知的年輕人！」

文革後期，先生被「寬大」安排到外文樓、三十五號學生宿舍值班，收發信件、接聽傳呼電話、充當門房，成了一個「不可接觸者」。用先生自己的話來講：身處「被打倒與不打倒之間」，「國家前途，不甚了了；個人的未來，渺茫得很」。先生「創作已經毫無可能，研究也就早已斷了念頭。想來想去，還是搞些翻譯吧。翻譯了而能出版，那是根本不可能的事情，我連想也沒有去想。既然爲翻譯而翻譯，爲了滿足自己那閒不住的習慣而找點活幹，最好選一種比較難的、相當長的、能曠日持久地幹下去的書來翻譯」。正好東語系圖書館在那樣的歲月裡奇蹟般地從印度訂到了《羅摩衍那》梵文精校本，一九七三年，先生遂決定翻譯。梵文原本厚達七巨冊，先生每天把一小段原文抄在小紙片上，看門之餘，構思腹稿，如果沒有人注意，就趕忙偷偷寫下，回家再整理。一九七三年到一九七六年，先生在全書七篇中完成了將近三篇的翻譯，可謂驚天地而泣鬼神！一九八〇年，先生在時隔三十五年後訪問德國，將剛剛出版的第一卷贈送給已年邁退休的瓦爾德施密特教授，老人對先生轉而研究印度文學流露出不解和不滿，老人怎麼可能瞭解這項工作對先生、對中國學人的意義呢？《羅摩衍那》八大冊後來在一九八四年出齊，除了英譯本之外，漢譯本是全世界第二個完整的譯本，誰能夠想像這是由一位學者在如此艱難的環境下獨力完成的呢？

一九六六年三月至一九七八年四月，整整十二年，先生沒有也不可能發表一篇論文，在先生助手已故李錚教授所編《季羡林著譯目錄》裡，留下了一段令人窒息的空白。

老驥豈伏櫪　志猶超千里

文化大革命結束後，先生不僅恢復了原先的一切職務，還承擔了包括北京大學主管文科的副校長在內的其他許多學術組織的領導工作，主席、主任、會長、主編、顧問等等的本兼各職幾近百數，學術活動、各類會議、國際交流之頻繁令人幾乎無法想像。一九九五年以前者俱見李錚教授編著的《季羨林年譜》，此不贅述。但是，先生仍然保持著凌晨四時即起的習慣，抓緊一分一秒的時間的「邊角廢料」，從事研究撰述，並且親自指導國內外研究生，主持學術研討班（Seminar）。先生的學術生命又一次煥發出絢麗奪目的色彩。下面只能極爲簡要地介紹一下先生從文革結束至今二十餘年的學術成就。

在中印文化交流史方面，先生組織並指導一個學術團體，整理校注了《大唐西域記》。這項工作吸收了一個多世紀以來《大唐西域記》研究的精華，從根本上超越了國外學者，贏得了國際學界的交口讚譽。先生專爲此書撰寫的前言《玄奘與〈大唐西域記〉》長達十餘萬言，全面論述了《大唐西域記》的價值以及相關問題，這樣系統全面的文章在該領域中是前所未有的。值得注意的是，先生還主持了「《大唐西域記》今譯」，並且親自動手今譯，爲古籍今譯做出示範。前面提到，先生在五十年代就曾經發表專文，研究紙、造紙術、蠶絲傳入印度的問題，這項研究不僅得以恢復、延續，還開闢了對瓷器入印的探討。不過，先生的注意力後來日漸集中到糖和製糖術上了。先生本其一貫的對資料竭澤而漁的研究態度，不顧年高，在一段時間內天天到北大圖書館翻閱《四庫全書》，摘抄有關史料，參考了敦煌卷子以及外國古典，借鑒了國外學者的既有成果，發表了很多篇論文，最終完成了兩大冊的專著《糖史》。先生早年即有志撰寫的《中印文化交流史》，在文革前已經基本成稿，文革中被抄家而散失，只剩下幾十頁殘稿，也在先生晚年得以完成。

佛教史研究也是先生致力極巨而取得卓越成就的領域，所發表的論文都解決了撰寫通史無法迴避的難點。如果現在要撰寫一部新的佛教史，那麼，不考慮先生的意見就不可能在前輩學者的框架的基礎上有所突破。比如，一九八一年，先生發表《關於大乘上座部的問題》就十分重要。按傳統說法，大乘本不應有「上座」、「大衆」之分，因此，《大唐西域記》中共出現五次的「大乘上座部」就顯得格外突兀了。先生認爲，錫蘭佛教固然以小乘上座部爲主，但是一直受到大乘的影響，尤以無畏山住部爲甚。所謂「大乘上座部」，即是接受大乘思想的小乘上座部，從而對佛教史上懸而未決的問題提出了新解釋。又比如，一九八四年，先生爲參加第十六屆國際歷史科學大會，撰寫了長達將近十萬字的論文《商人與佛教》，引用了大量材料，特別是尚未受到足夠重視的律藏裡的記載，從全新的角度論證了古代商人與印度佛教的關係，揭示出佛教特殊的入世的一面，具有開創之功，深受與會者好評。原始佛教或者說佛教草創初期的歷史，一直是先生很感興趣的研究對象。一九八七年，先生發表了《佛教開創時期的一場被歪曲被遺忘了的「路線鬥爭」——提婆達多問題》。提婆達多是釋迦牟尼的堂兄弟，極有才能，有自己的戒律、教義和信徒，然而在佛經中常常被描繪成十惡不赦之人。晉代法顯、唐代玄奘、義淨在印度都還見到過提婆達多的信徒，可見其影響之深遠。在先生之前，還未有人注意到這個重要現象，先生之文昭若發蒙，在佛教史研究中開拓出一塊新園地。作爲一名嚴謹的學者，先生對德國學者的「徹底性」（Gruendlichkeit）歷來極爲讚賞，先生自己的研究也以徹底性著稱。前面提到過的一九四七年發表的《浮屠與佛》遺留下一個問題，即「佛」在吐火羅語裡的對應詞都是清音，而漢語「佛」的古音卻是濁音，無法完全對應。四十年後，先生又積累了許多資料，結合了國外中亞古代語言研究的新成果，發爲新文《再談「浮屠」與「佛」》，指出「浮屠」來自大夏語，而「佛」則譯自其他伊朗語族古語，由此不但徹底解決了清濁音問題，還證明了佛教傳入中國經歷了分別以大夏、中亞新疆小國爲中介的兩個階段。先生以一個大學者的風度，自我更正了四十多年前提出的佛教直接入華說。

佛教語言研究當然是先生始終不能忘懷的領域，只要有條件接觸到新材料，就必定加以利用，發爲專文。一九八四年，先生撰成《中世印度雅利安語二題》，研究了犍陀羅語《法句經》吉爾吉特殘卷、《妙法蓮華經》、《佛說佛寶德藏般若波羅蜜經》，進一步證明了-am>-o，-u的現象，並以此解釋大乘佛教起源問題。在此文「第二題」中，先生堅持自己四十年前的結論，認爲不定過去式是東部方言的特點，同時從善如流，改變了自己數十年前認爲巴利文是西部方言的看法，轉而認爲它是東部方言摩揭陀語的一種形式，這樣就使得先生的觀點更加明確，結論更加堅實。一九七六年，在哥廷根舉行了「最古佛教傳承的語言」討論會（佛教研究座談會之二），先生反覆閱讀了會議的全部論文，也是在一九八四年撰寫了長篇論文《三論原始佛教的語言問題》，討論了有沒有一個「原始佛典」？有的話，用的是什麼語言？釋迦牟尼用什麼語言說法？阿育王碑能否顯示方言劃分？《毗尼母經》等講的是誦讀方法（音調），還是方言的不同？《三論》涉及面極廣，論證面面俱到，除非有全新的材料出現，否則，先生在幾十年前提出的觀點當可以定論視之。《三論》的發表固然標誌著一個系列的完成，但是，先生並未將它看成研究工作的終結。一九八六年，先生又發表長文《論梵文本〈聖勝慧到彼岸功德寶集偈〉》，考明古代印度西北方言-aṃ＞-o，-u的語言變化特點見於此經，判定此經必然與印度西北部有聯繫，進而推翻了過去有關般若部起源問題的結論。先生認爲，大乘起源可分作原始大乘及古典大乘兩個階段，使用的語言不同，前者使用混合梵語，後者使用梵語。先生遊刃有餘地考定原始大乘起源於東印度，時在公元前二世紀至三世紀。《大智度論》卷六十七所述般若部源於東方，傳到南方，又傳至西方，再至北方的路線，也就是大乘佛教起源和傳播的路線。這一論斷是大乘起源研究的重大建樹，也完美地證明了先生的研究方法的成功。一九九〇年，先生還根據德國學者恩默瑞克（R. E. Emmerick）教授刊布的新疆出土的吐木舒克語（Tumshuqese）佛經材料，發表了《新疆古代民族語言中語尾-aṃ＞-u的現象》，表明先生的舊結論完全能夠經受新材料的考驗。

此外，先生還從漢語佛典中找資料，發表了很多別開生面的論文，如《論〈兒郎偉〉》（一九九○）、《玄奘〈大唐西域記〉中「四十七言」問題》（一九九○）、《梵語佛典及漢譯佛典中四流音ṛṝḷḹ問題》（一九九○）、《所謂中天音旨》（一九九三）等，都是前人未曾措手者。

一九五五年後二十多年，先生沒有發表有關吐火羅語研究的論著。從七十年代末起，先生爲了反駁「吐火羅文發現在中國，研究在國外」的欺世之談，在國內尚無第二人有能力解讀吐火羅語文獻的情況下，毅然承擔了新疆出土吐火羅語A（焉耆語）《彌勒會見記劇本》的考釋研究工作。這項工作的難度遠遠超出一般人的想像之外。先生在不長的時間內，用中、英文在國內外重要期刊上陸續發表了十多篇文章，不僅爲印歐語言學界提供了精心校訂考釋的語言文本，證明了佛教戲劇曾經存在於、傳播於絲綢之路沿線的新疆古代民族之中，更重要的是，將對比較語言學極爲重要的吐火羅語研究提高到了一個嶄新的水平。先生在研究《彌勒會見記劇本》的同時，還不斷發表其他有關的成果。就目前而言，整個東亞乃至亞洲只有先生有能力完成此類研究。一九八二年，先生寫成《吐火羅語中的三十二相》，利用常人束手無策的殘編斷簡，一一考明三十二相及其來源，確定了許多吐火羅語字詞的語義。同年，先生又寫出《說「出家」》，用語言學方法證明吐火羅語的「出家」（Wastas lät/länt或ost(a)mem lät）是譯自漢語的「出家」，展現了「文化倒流」的歷史景象。一九九○年，先生還發表了《梅呾利耶與彌勒》，發千古未發之覆，證明「彌勒」譯自吐火羅語。先生在吐火羅語研究方面的成就，全面系統地呈現在《敦煌吐魯番吐火羅語研究導論》一書中。

至於先生在比較文學、民間文學、翻譯、散文創作方面的成就，更是有目共睹的，在此就不再介紹了。

先生還十分關心支持民間的文化活動與文化組織，與中國文化書院極其密切的關係就是最好的例證。必須著重指出，先生花費了巨大的心血、大量的時間，培養、保護、鼓勵、獎掖、提拔後進，將學有專長的中青年學者組織團結起來，以學術研究的世界一流水平爲目標，潛心努力。先生的這項功德，使先生贏得了年輕人的衷心敬佩與愛戴，其已經顯現出來的力量在即將到來的二十一世紀必將更加彰顯。日本梵學泰斗、思想史專家中村元在爲先生散文日譯本所寫的序中感慨地提到，中國的南亞研究原來是相當落後的，可是最近幾年來，「突然」出現了一批中年專家，寫出了有水平的論著，讓日本學者有「攻其不備」之感，日本人覺得對中國的南亞研究要做出新的評價了。這裡面有先生多少的心血！而先生心血澆灌的又何止南亞研究這一個領域呢？敦煌吐魯番學、民族古文字學、中亞學、比較文學的蔚爲顯學就是答案，雖然只是一部分而已。

為東方文化招魂

一向不輕易就宏觀理論問題發表意見的先生在近年來卻發表了大量文章，明確闡述自己對東西文化關係和東方文化未來命運的看法，主要的觀點大致可以概括爲：「二十一世紀：東方文化的時代」、「西方不亮，東方亮」以及「三十年河東，三十年河西」。前面的兩條也是先生兩篇文章的題目。

與先生專門精深的學術論文相比，這一類的文章受到了遠爲廣泛的關注，得到了很大的反響；與先生那些非受過長期嚴格的學術訓練則難以置喙的論著相比。這一類的文章在廣受贊同的同時，也遭遇到很多不同的乃至於完全反對的意見。這些都是非常正常的。這些問題的切身性和開放性，注定了它們必然是各種不同意見的交會點。先生與此有關的文章已收入《文集》，先生對東西文化交流、融合、排斥的歷史事實、東西文化的特點、彼此的長短優劣的比較通俗的論述俱見其中；除此之外，先生還編有《東西文化議論集》兩冊（和張光璘合編），有關的各種意見大體皆備，讀者自可參看。

全面論述先生的觀點以及對反對意見加以討論，並非本文的目的，在此只想就先生的看法的後設層面略作闡述。

先生歷來反對各種形式的文化一元論，反對文化孤立生成發展的任何觀點；一向堅持文化多元論，強調不同文化之間的互動。先生也從來不認爲有哪種文化可以或者應該定於一尊，君臨天下。但是，每個時代，都有該時代的主流文化。面對現在毫無疑問占據著主流文化地位的西方文化暴露出來的種種問題，先生認爲西方文化已經或即將走到盡頭，現在已到了重新考慮東西文化關係的時候了。先生在《二十一世紀：東方文化的時代》中指出：「從人類的全部歷史來看，我認爲東方文化和西方文化的關係是三十年河東，三十年河西……到了二十一世紀，三十年河西的西方文化將逐步讓位於三十年河東的東方文化，人類文化的發展將進入一個新的時期……西方資本主義的物質文明給人類帶來很大的福利，但另一方面也帶來災難……這些災難中任何一個解決不了，人類就難以繼續生存。怎麼辦？人類到了今天，三十年河西要過，我們就像接力賽一樣，在西方文化的基礎上，接過這一棒，用東方文化的綜合思維方式解決這些問題，去除掉這些弊端。所謂綜合，就是整體觀念、普遍聯繫這八個字……我的認爲是西方形而上學的分析已快走到盡頭，而東方的尋求整體的綜合必將取而代之……『取代』不是『消滅』，而是在過去幾百年來西方文化所達到的水平的基礎上，用東方的整體著眼和普遍聯繫的綜合思維方式，以東方文化爲主導，吸收西方文化中的精華，把人類文化的發展推向一個更高的階段。」可見，先生的東方文化絕不是原教旨主義或復古主義，這是一種新的東方文化，是在東西文化互動過程中吸取了西方文化精華的東方文化；在未來的世紀中，這種東方文化是主導，而絕非唯我獨尊的排他性霸權；東方文化是「取代」西方文化成爲主流文化，而絕非「消滅」西方文化成爲唯一文化；更爲重要的是，這位畢生以爲東方文化招魂爲志業的學者，不是沉醉在美妙的現實中複述已逝的歷史事實，而是在歷經滄桑後描繪自己心目中即將到臨的未來：

「二十一世紀，東方文化的時代。」

一九九九年九月於香港

原載《百年》第七期

10550

台北市南京東路四段25號11樓

網路與書股份有限公司台灣分公司 收

廣告回信
台灣北區郵政管理局登記證
北台字第15343號

地址：

市 縣

鄉／鎮 市／區

路 街

段

巷

弄

號

樓

（請寫郵遞區號）

Net and Books 網路與書

讀者服務卡

謝謝您購買本書！

如果您願意收到網路與書最新書訊及特惠電子報：

- 請直接上網路與書網站 www.netandbooks.com 加入會員，免去郵寄的麻煩！
- 如果您不方便上網，請填寫下表，亦可不定期收到網路與書書訊及特價優惠！請郵寄或傳真 +886-2-2545-2951。
- 如果您已是網路與書會員，除了變更會員資料外，即不需回函。
- 讀者服務專線：0800-322220；email: help@netandbooks.com

姓名：______________________　性別：□男　□女

出生日期：_____年_____月_____日　聯絡電話：______________

E-mail：______________________________

您所購買的書名：______________________________

從何處得知本書：1.□書店 2.□網路 3.□網路與書電子報 4.□報紙 5.□雜誌 6.□電視 7.□他人推薦 8.□廣播 9.□其他

您對本書的評價：

(請填代號 1.非常滿意 2.滿意 3.普通 4.不滿意 5.非常不滿意)

書名______ 內容______ 封面設計______ 版面編排______ 紙張質感______

對我們的建議：______________________________

____

____

____

「必須有心的光明」
——王元化先生學術思想評述

左傾時代的革命青年

王元化先生，號清園，祖籍湖北江陵。一九二〇年十一月三十日生於湖北武昌一個信仰基督教的知識分子家庭。父王芳荃先生，字維周（一八八〇—一九七五），少時家貧，由教會資助入上海聖約翰大學，爲該校首屆畢業生。一九〇六年，維周先生與桂月華結婚，並於是年東渡日本，在東京志誠學校教授英語。一九一一年，進清華留美學堂教授英語。兩年後，赴美留學，獲芝加哥大學教育學碩士學位。一九一五年，仍回清華任教，並任註冊部主任。學生中有梁思成、聞一多、陳植等。維周先生畢生在教育界工作，先後任東北大學、北方交通大學教授。武昌起義，先生曾以教授之尊自願到戰地救治傷兵，獲代總統黎元洪的嘉獎。大革命期間也參加了反軍閥的進步活動。

清園先生受母親及母系親屬影響較深。先生母系親屬幾乎都是當時的新知識分子。外祖父桂美鵬先生，字搏九，是沙市聖公會首任中國會長，負責長江一帶的傳教工作。一八八五年，創建沙市第一所分班授課的新式學校，即美鵬學堂（現改為新沙路小學）。搏九先生舊學湛深，同時又對西方存在著朦朧的嚮往，希望中國走西方富強之路。老先生雖然在先生出生前即已逝世，但是先生聽母親講述得最多的就是外祖父，因此留下了深刻的印象。外祖母江太夫人性情慈祥，在先生幼年時，經常帶先生聽戲，先生對京劇的愛好即植根於此。母親桂月華（一八八七—一九八六），年輕時曾從一位北歐傳教士學醫，後入上海聖瑪麗女校。通英語，對文學有濃厚興趣，記憶力極好，能背誦古代詩詞及清代閨閣詩人所作彈詞，經常吟唱彈詞哄先生入睡。國學也有根柢，常助維周先生潤色中文函牘。舅舅桂質庭、四姨桂質良，先後均以第一名考取清華留美學堂，赴美攻讀。這樣的情況恐怕是絕無僅有的了。桂質庭獲耶魯大學物理學博士學位，生前是武漢大學教授。桂質良獲約翰·霍普金斯大學醫學博士學位，後嫁聞一多堂哥一傳，在聖約翰大學教授醫學，同時自行開業。與清園先生最親近的三姨母桂德華也曾留學英國及歐洲其他地方，酷愛文學，後任聖約翰大學教授，講授外國文學。

先生未滿週歲即隨母親由武昌至北京和父親團聚，全家定居清華園南院，與王國維、趙元任、陳寅恪為鄰。清華著名的四大建築均在二十年代落成，先生在清華園中度過了十分快樂的童年，與趙元任先生女公子如蘭、熊秉明等相友善。羅家倫接管清華大學後，維周先生與羅牴牾，憤而辭職，轉赴東北大學任教。雖然全家在此時已經搬出清華園，先生卻仍然寄居在清華西院六姨母家，就讀於清華附小成志小學。一九二九年後離開清華，回城中父母家，入孔德小學、育英小學。五年級時患病在家休養，維周先生為購石印本七十回《金批水滸傳》，係先生首次閱讀中國古典小說。一九四〇年，先生撰寫《金批〈水滸傳〉辯正》，當導源於此。一九三二年，先生讀初一，首次接觸魯迅作品《孔乙己》、《故鄉》。同年，全家為避日寇難逃至湖北武昌華中大學舅父桂質庭先生家，遇見韋卓民先生，從韋先生讀《大學》、《中庸》。幾十年後，先生更與韋先生頻繁通信，討論黑格爾學說，一九八一年，先生撰《記韋卓民》，記此事甚詳。回北平後，先生在上學途中經常見到日寇在東交民巷練兵場附近耀武揚威，後竟荷槍實彈到領館區域外打靶，甚至開坦克上街。先生目睹祖國蒙難，心中播下了抗日救亡的種子。一九三五年，先生時僅十五，就參加了「一二·九」學生運動，並於次年加入共產黨的組織「民族解放先鋒隊」。讀育英中學高一時，受同學推舉主編校刊，在其上發表文章，談義大利侵犯埃塞俄比亞、日貨走私，因此和復興社學生以及他們所勾結的校方展開鬥爭。「七·七」事變發生後，全家逃離北平。先生眼病未癒，由家人扶掖上車，明明知道日寇要抓知識分子，許多人因此不敢帶鋼筆、書籍、甚至眼鏡等標明身分的物件，先生卻仍然冒著很大風險，偷偷將自己畫的魯迅像和兩冊《海上述林》攜帶上路。

輾轉到達上海後，先生參加了平津流亡同學會，承擔了聯繫文藝界的工作。不久，考入大夏大學經濟專業。至此，先生已經違背了父母的願望。維周先生一直逐月爲清園先生存錢，作爲他將來留學學習理工科的費用。先生卻走上了一條荊棘密布的危險道路。不過，在上海期間，家裡依然延請了周班侯先生教授先生英語，授以丁尼生（L. A. Tennyson）、柯立芝（S. T. Coleridge）詩文；延請任銘善先生授國學，授《說文解字》、《莊子》、《世說新語》。任先生對先生影響甚大，先生寫文章之注重文氣，就是受到任先生指點的緣故。同時，先生也開始了文藝創作，發表小說及文藝理論論文。同年，先生認識了一生榮辱與共、時在暨南大學攻讀英國文學的師母張可。師母出自蘇州名門，祖父張一鵬先生、伯祖父張一　先生都曾任北洋政府要職。

一九三八年初，先生加入了中國共產黨，在隸屬江蘇省委的文委領導下工作。當時沙文漢爲省委宣傳部長，孫冶方爲文委書記，顧準爲文委副書記。先生後來曾多次深情地說過，自己是在文委的哺育培養下成長起來的。的確，孫冶方、顧準與先生精神上的淵源是顯而易見的。同年，先生發表了《論抗戰文藝的新啓蒙意義》。這篇文章似乎尚未受到研究先生學術思想的學者的注意。文章認爲新啓蒙「並非五四啓蒙運動的簡單再現」，它的中心內容爲「一、民主的愛國主義，二、反獨裁的自由主義」，並且指出新啓蒙運動之所以提出「理性這口號」，「實是它必須抑制無謂的感情衝動，反對任何籠統的幻想，才能達到認識現實的道路」。據先生五十年後撰寫的《論傳統與反傳統——爲「五四」精神一辯》，新啓蒙是一些進步理論工作者在抗戰爆發前夕，國家存亡關頭提出來的，「可是後來得到通知不要再用『新啓蒙』口號，這次出現不久的啓蒙運動也就夭折了」。但是，這三個字在半個世紀後的一九八八年再次成爲先生主編的，影響極大謗亦隨之的雜誌的名稱，絕對不是一種巧合，是符合先生思想發展的脈絡的。一九三九年，先生隨團赴皖南慰問新四軍。回上海後，調至文學黨小組，在孤島期間開展的文藝通訊運動中負責組織工作。同年三月，編輯出版了《抗戰文藝論集》。十月，發表長文《魯迅與尼采》，戴平萬指出了此文的不足，但是仍給予了很高的評價：作者「還是一位二十歲左右的青年，他以這樣的年齡，而能有這麼嚴正的精神來治學，眞是可敬」。稱作者對魯迅思想的分析「非常正確」。一九四〇年，先生發表了長文《現實主義論》和《金批〈水滸傳〉辯正》。後者經修訂收入《清園論學集》，是先生自己比較滿意的一篇文字。文章解釋了金聖嘆憎惡水泊梁山，卻又大捧特捧《水滸傳》這一矛盾，指出金的眞意乃是「如此書，吾即欲禁汝不見，亦豈可得？今知不可相禁，而反出其舊所批釋，脫然授之於手也」。金聖嘆所採取的辦法有兩個：一，「把這本有生命有內容的書籍，縮小在文法的範圍裡」；二，「誣衊宋江來替朝廷辯護」。文章固然帶有相當濃厚的特定環境下的時代政治色彩，但是，思考角度的新穎獨特、推演論證的嚴密細緻、文筆風格的老練犀利，都是讓人心折的，而當時先生還是一位未滿二十足歲的青年。尤其值得注意的是，文章首次明確表達了先生畢生堅持的兩個重要意見，一是強烈反對「造謠中傷，曲筆構陷」，金聖嘆這麼做，自然引起先生「很大的反感」；二是反對「流氓習氣」，因而在承認李逵「誠然可愛」的同時，批評他「亂掄板斧，不分官民排頭砍去」的蠻幹行爲，以爲「這種粗魯角色是很容易上當和被利用的」。先生一貫反對「流民文化」，可謂淵源有自。也就是在這一年，先生的文藝思想開始了比較重大的變化，在讀了《海上述林》介紹恩格斯（F. Engels）關於現實主義的理論後，認識到了藏原惟人從蘇聯拉普派傳來的所謂社會價值與藝術價值二元論的偏頗。這種說法來源於對普列漢諾夫（G. V. Plekhanov）藝術作品中含有「社會等價物」的觀點的闡釋和發揮，先生在四十年後的一九八〇年撰文表示了自己的懷疑，即這種理論「可能是從馬克思《資本論》關於商品價值與使用價值二重性這種觀點套用出來的」。先生之反對所謂眞實性強傾向性差的說法，應該溯源於此。

一九四一年三月起，先生負責《奔流》文藝叢刊，並在第五輯上用筆名「佐思」發表了《民族的健康與文學的病態》，針對的是「和平文學」和「抗建文學」，遭到頑固派的圍剿，刊物也被沒收。叢刊後改名《奔流新集》，成爲上海孤島時期最後一個公開的進步文學刊物。當時先生還負責聯繫包天笑等禮拜六派作家。十一月八日太平洋戰爭的爆發標誌著孤島時期的結束，日寇占領了租界，環境更加險惡了。先生在《我所認識的紉秋》中回憶當時的情況：「上海頓時陷入黑暗之中……抗日活動轉入地下，我們只在自己的範圍內活動，座談會取消了，刊物不辦了，不是工作需要的來往切斷了，犯忌的書籍自行焚毀了。我們必須遵守地下工作的原則，甚至必須犧牲自己的愛好和讀書的興趣……我們充分嘗到在敵人刺刀下喪失家國之苦。」此後，先生化名王少華，在上海儲能中學教授國文和文學概論，引導學生閱讀魯迅作品，並自編教材，以《揚州十日》、《指南錄》等教諸生，深受諸生愛戴。一九四二年十月，中央指示地下黨江蘇省委全部撤往華中根據地，原屬各委獨立工作，經由交通與根據地上級組織聯繫，年僅二十二歲的先生一度負責文委工作。毛澤東《在延安文藝座談會上的講話》發表後，先生在黨內學習會上發言，表示不同意政治標準第一、藝術標準第二的提法。這個意見是和先生四十年文藝思想的轉變，懷疑社會價值和藝術價值二元論一脈相承的，也是先生一貫堅持獨立思想的反映。一九四三年冬，先生創作了《舅爺爺》，意在「喚發起那些陷在生活泥淖裡的人們對於人性美的嚮往」。小說在抗戰後才正式發表，得到廣泛注意和好評，師陀主持的蘇聯電台文藝節目中也播送了。先生曾經一度想放棄理論，專門從事創作。但是，先生的氣質在本質上是思想家的氣質，因此，這種想法自然也就被先生摒棄了。一九四五年，先生創作了小說《花圈》、《殘廢人手記》。這些小說的創作意圖，先生在一九八三年出版的《腳蹤》的「序」中有所回憶：「敵人的凶殘絕不僅僅止於對志士仁人所施行的殺戮和嚴刑拷打，而且還用無形的罪惡黑手把這個城市污染。畸形的生活在每個家庭中掀起風波，撒下不和的種子，使本來應該彼此伸出援手的親人，在難以忍耐的生活折磨下為一些瑣事發生爭吵，互相仇恨，互相傷害。敵人在毒化生活，他們摧殘人性，而這些獸行卻是受害者所難以覺察的。在我的一生中，我不能忘懷這段苦難的歷程。」抗戰勝利後，先生和滿濤（原名張逸侯，師母之兄）在《時代日報》編輯《熱風》週刊。停刊後，又與樓適夷、滿濤在《聯合晚報》合編文學週刊《奔流》。十一月，聽到羅曼．羅蘭（R. Rolland）逝世的消息，撰寫了《關於羅曼．羅蘭》，後以《關於〈約翰．克利斯多夫〉》爲題，置於《談談十九世紀外國幾位文學家》下，收入《清園論學集》。《清園論學集》所收一九四九年以前的文字僅四篇，這是其中之一。文章是讚美羅曼．羅蘭的，但同時也可以看作先生的言志文。作爲一個生活在危險之中的地下工作者，先生寫道：「他行動之前並沒有預先看到了成功的希望，像投機家有了成功的保障之後再來動手。他不是爲了成功，而是爲了信仰才去戰鬥。」先生在孤島時期開始的，在上海淪陷後進一步加深的思考，已經使先生內心產生了衝破一切束縛的渴望，先生寫道：「一個偉大的心靈就會被這種抽象的封條封閉嗎？」先生後來歷經劫難，矢志追求的另一種現實的理想，在這篇紀念羅曼．羅蘭的文章裡已不再僅僅是萌芽了：「羅蘭像一個音樂家，不是要創造『物質世界』領域中的現實，而是要創造『精神世界』領域中的現實。」這篇短文在先生的思想歷程上占有相當重要的地位。在此，還應該提到，先生關於羅曼．羅蘭的文字在海外也找到了眞正的知音。日本著名學者相浦杲教授在一九八二年，親自將此篇和先生一九五〇年所寫的《重讀〈約翰．克利斯多夫〉》翻譯成日文。相浦教授在《有關羅曼．羅蘭的一些事》中寫道：「時間雖已久遠，其中的見解卻精闢如故，使人對作者關於羅曼．羅蘭研究的識見深爲欽佩……我對王元化先生——這位雖是僅長我六歲的兄長，卻是傑出的古典文學家——這樣的知識分子，懷有深厚的感情和友誼。」

先生在此後的日子裡，仍然主要以受黨的委派編輯刊物爲主。一九四六年四月，先生任《聯合晚報》副刊《夕拾》主編，撰寫了一百五十餘篇《古史新論》。由於在法院審理臧大咬子案時，通譯官許少勇威脅證人，先生撰《談丑》加以抨擊，被許控告；加上時局日緊，乃離滬北上。至一九四八年暑假，先生在國立北平鐵道管理學院（今北方交大）教授大一、大二基礎國文，選《文心雕龍》爲教材，曾向父執輩汪公嚴先生問學。汪先生是廣雅書院高材生，朱一新門下高弟，《無邪堂答問》有一卷即是回答汪先生提問的。汪先生曾入張之洞幕，助撰《勸學篇》。清末曾在新式學校中教授自然科學課程，並曾一度在東北任溥儀的化學教師。汪先生國學功底深厚，長於藝事，精繪畫，作清華校歌歌詞，對先生的《文心雕龍》研究多有指點。《清園論學集》卷首所引詩「學不干時身更貴，書期供用老彌勤」即汪先生所作。先生《文心雕龍創作論》的某些觀點，最早即萌生於這一時期的授課中。在大學教書的同時，先生仍然撰寫了大量文字，並被當時的文委負責人認爲是《橫眉小輯》的發起者，而據說其中對文藝界現象的批評違反了黨的政策，刊物被勒令停辦，先生遭到無理批評。一九四七年，先生的第一本論文集《文藝漫談》由上海通惠印書館出版，所收論文截止一九四五年，書名及筆名「何典」都由書店代擬。先生自己對本書的評論是：「這些文字多半是抄襲蘇聯的理論模式，很少有自己的看法和感受，我從這種模仿中掙扎出來，已是孤島時期結束以後。」

次年三月，先生與師母按基督教儀式在上海慕爾堂舉行婚禮，從此開始了備受學林尊敬的相濡以沫的生活。秋，國民黨敗局已定，白色恐怖更爲嚴重，先生被召回上海，先在誠明文學院任教一學期，後被派往黃炎培任社長的《展望》雜誌社任主編。《展望》不久被查封，一九四九年三、四月之交，先生被派負責編輯《地下文萃》。這是一項危險異常的工作，以前幾期《文萃》都被國民黨破獲，編輯人員遭到殺害，在一九四九年上海這個已經失序的恐怖世界，承擔這種工作無疑需要巨大的勇氣，隨時都可能被殺害，看不到即將來臨的勝利。幸好上海不久就解放了。

一九四九年，先生年僅二十九歲，在此前的歲月裡，先生一直是堅定地投身於極其危險的地下工作、爲理想而不惜犧牲的革命青年。文學創作、文藝評論都是先生針對舊世界的批判的武器。毋庸諱言，正如先生後來經常反思的那樣，這個時期的作品的確在一定程度上帶有模仿蘇聯的痕跡，有遵命文學的跡象。但是，如果和當時的同類文字相比，這些痕跡和跡象都是相對比較淺淡的。原因是，先生從小被薰染的基督教傳統，在先生的思想裡早已種下了愛世人、寬容、追求理想、渴望人性美的種子，雖然從小禱告的先生最終選擇了共產主義而非基督教信仰，但是，選擇並不能折斷基督教對自己不絕如縷的影響。除此之外，先生受十九世紀優秀的西方文學的影響也是顯而易見的，先生時常引用的「太陽的光明是不夠的，必須有心的光明」，其中透露的信息是頗堪尋味的。同樣重要的是，有著強烈西方文化背景的上層知識分子家庭不僅沒有切斷，反而有意識地按類似私塾的傳統方式，培養加深先生對國學的感情與理解，使得先生沒有像其他絕大多數的「五四的兒子」一樣，對傳統持簡單的排斥乃至摒棄的態度，而是涵泳其中領略精髓，因此，先生身上也帶有傳統賢士大夫超邁流俗卓然不群的傲岸風骨的烙印。總之，出於眾多因素的影響，先生的思想資源絕非是一元或簡單的二元的，比起同時代的人來要豐富得多。這從根本上決定了先生思想的獨立性，在運用批判的武器的同時，必然會進行武器的批判。

身辱志不降，吹盡狂沙始到金

一九四九年後，先生負責《時代》雜誌的編輯工作，同時經郭紹虞先生推薦在復旦大學任教，撰寫評論文章也一直沒有停頓。一九五一年，先生被調至華東局宣傳部文藝處，不久，又調當時規模相當大的新文藝出版社任總編輯、副社長，同時任出版局和上海作家協會黨組成員。先生在《舒同書法集書後》中，回憶了在「三反五反運動」中的經歷：「平時說說笑笑的同志，突然全都繃緊了臉。開會時空氣頓時緊張起來，我感到很不習慣。一次會上大家說完，輪到我去批評那位我並不認爲有問題的懷疑對象，我實在說不出，但又不能不說，而要說又不知說什麼，既緊張又惶恐，憋了半天，哇一聲哭了出來。一位同情我的同志批評我受到十九世紀西方資產階級文學影響太深，劃不清人道主義思想界限，總算結束了這種窘困局面。」先生已然意識到，今後「恐怕就不可能這樣輕鬆過關了」。但是，先生依然無法改變自己寬厚的天性，對一些所謂有問題、有些還是有相當嚴重問題的人，時常情不自禁地伸出援助之手。已經有很多像鯤西先生《還書記》這樣的文章記述了這些事情。

署名方典的《向著眞實》由新文藝出版社於一九五二年出版，不久就印行了三版，一九五五年被禁。先生後來在文章中說：「我完全沒有料到在以後歷次文藝思想批判的政治運動中，寫眞實竟會成爲最受攻擊的目標之一，經歷厄難。」一九五四年底，先生又被調至夏衍任書記的上海文藝工作委員會擔任文學處處長。幾乎與此同時，株連極廣的「反胡風運動」開始了。先生在一九四五年就已經認識了胡風，但是交往不多。當時地下黨文委的一位負責人說胡風有嚴重政治問題，先生表示缺乏證據，並因此在解放初未被安排工作。先生在籌建新文藝出版社時又舉薦了張中曉，後又出版了兩本胡風的書，新文藝出版社就被認爲是胡風的老窩了。一九五五年四月底，張春橋接替調京的夏衍，出任文委書記並成爲「反胡風專案組」成員，立即將先生隔離，自同年六月至一九五七年二月下旬，先後幽禁在兩個地方。家人也全然不知先生身在何處。據彭柏山夫人朱微明《柏山和胡風及胡風事件》記載：「因爲元化堅決不承認胡風是反革命，張春橋對他百般折磨。」李子雲在《良知的痛苦，艱難的掙扎——周揚同志印象》中說：「曾聽說周揚同志提出王元化同志是黨內少數的對馬克思主義文藝理論造詣較深的學者之一，如果他肯承認公布的關於胡風集團的三批材料屬於反革命性質，盡量將他作爲人民內部矛盾處理。王元化同志仍然堅決拒絕，結果戴上了『胡風反革命分子』的帽子。」先生雖然在當時尚未也不可能從學術角度對意圖倫理做出後來的批判，但是，先生反對因態度立場問題對人物、事件定性的態度是一貫的。直到一九五七年初的隔離時期，先生還堅持自己的這個觀點，對組織上派來和他談話的人講，不能因爲胡風與周揚文藝觀點不同，即將胡風打成反革命，還爲張中曉辯護，說他是一個純樸的青年。結果當然受到嚴厲呵斥，被指爲對抗組織審查。不是過來人是很難體會這種苦難的。先生以後在《序無夢樓隨筆》中沉重地寫道：「在隔離審查中，由於要交代問題，我不停地反覆思考，平時我漫不經心以爲無足輕重的一些事，在一再追究下都變成重大關節，連我自己都覺得是說不清的問題了。無論在價值觀念或倫理觀念方面，我都需要重新去認識，有一些更需要完全翻轉過來，才能經受住這場逼我而來的考驗。我充滿各種矛盾的思慮，孰是孰非？何去何從？在這場靈魂的拷問下，我的內心發生了大震盪。過去長期養成被我信奉爲美好以至神聖的東西，轉瞬之間轟毀了。我感到恐懼，整個心靈爲之震顫不已。我好像被拋棄在無際的荒野中，感到惶惶無主。這是我一生所遇到的最可怕的時候。至今每一念及，猶有餘悸。」先生爲此患上了心因性精神病。經濟來源也幾乎斷絕，先生只能爲出版社翻譯書稿。不久，所謂的三年自然災害也發生了，先生還患上了肝炎。在如此艱困的條件下，先生與父親維周先生一起翻譯了《太平天國革命親歷記》。這是一本很難讀的書，難度極高，但是，譯本的翻譯質量之高是罕見的。只要舉一個例子就足夠了。此書有很多從方言而來的地名音譯，要將它們復原爲漢語遠非一件輕鬆的工作。其中有一個地名，先生斷爲「蘆墟」，而太平天國史專家羅爾綱先生認爲應作「用直」，後來證明還是先生所斷爲確。一九五九年底，先生被定爲「胡風反革命分子」，開除黨籍，行政降六級。隨後被安置在作協文研所。

在以後的歲月裡，先生所遭受的折磨是無法用語言描述的。文革開始，先生自然在劫難逃，被打成歷史、現行反革命。一九七〇年至一九七二年，再次被隔離審查，心因性精神病再次發作，少年時的眼病復發，某天早上醒來，右眼完全看不見了，幸好都在不太長的時間內治癒。絕大多數原來的朋友當然是不再往來了，肉體上、物質上的折磨伴隨著精神上的孤寂，壓迫著先生。先生所作七律《送柏山上路》有句云：「豪情都作斷腸夢，歲月漸催鬢髮斑。心事茫茫誰堪訴，問君更得幾時還？」實在是先生心情的最好寫照。

但是，公道和正義感並沒有在人心中死絕。好幾位著名學者，如韋卓民、熊十力、郭紹虞、朱維基先生依然盡可能地幫助先生。值得注意的是，這幾位先生正好分別對應於先生自己致力最深的幾個領域。分別是：韋卓民之與黑格爾（G. W. F. Hegel）研究，熊十力之與佛學研究（主要反映在《文心雕龍》研究中），郭紹虞之與古代文論及《文心雕龍》研究，朱維基之與莎士比亞（W. Shakespeare）譯介。先生也就在連生存和存在都幾乎成爲問題的環境下，以常人難以想像的堅韌意志，在根本不知道自己嘔心瀝血的研究成果是否還有出版問世的一天的情況下，沉潛往復，從容含玩，埋頭於思想與學術、思辨與反思的海洋裡。事實上，這些文字的發表也都在十年以後了。還是讓我們引用先生曾經引用過的羅曼．羅蘭在《約翰．克利斯多夫》裡的話吧：「他的目的不是成功，是信仰！」

需要指出的是，依照現代學術的分類理論，這些領域可以說都相隔甚遠，大概不會有哪位學者彼此兼顧。然而，先生這麼做了，因爲他已經超越了世俗的計算，因爲他不僅是一位學者，而更是一位信仰者。儘管這些領域在先生的思想學術旅程中絕不是孤立分離，而是互相關涉、互相交融的，我們在評述時卻只能無奈地略作區分了。

先生被安置到文研所後，應一些青年之邀，給他們講授《文心雕龍》，從而開始了《文心雕龍》的研究。一九七九年出版的《文心雕龍創作論》，是一部在體例上略仿閻百詩《尚書古文疏證》的專著，不過，其主要部分均在文革中完成。這是部開創性的、有典範意義的著作，奠定了先生在學術史上的地位，出版後引起了極大反響，其範圍絕不局限於文學理論界。創獲之多之大，都不是本文可以全面論述的。我們只能就先生採用的研究方法，在書中選取幾個首發之覆，略加評述。其實，先生在一九六四年撰寫的《〈文心雕龍〉創作論八說釋義小引》已經做了自我說明：「《釋義》是掌握了清理和批判的原則對《文心雕龍》創作論進行剖析的。不過在論述方面，《釋義》的正文和附錄各有其不同的重點。正文側重於清理，因爲正文的任務是按照劉勰理論的本來面目，忠實地揭示它的原有意蘊，這樣就不宜在這個重點之外，另生枝節干擾闡述的主要線索，分散讀者的注意。所以《釋義》就把批判劃歸附錄，作爲附錄的重點之一。自然就研究方面來說，清理和批判不能截然分割。只有經過了批判，才能眞正清理出劉勰理論的原來面目，同時也只有眞正辨清了劉勰理論的原來面目之後，對它的批判才是中肯的、實事求是的。但是，在表述研究的成果時，仍不妨使正文和附錄各有側重的一面。不過，我們應該把正文所側重的清理，理解作經過了批判的清理，把附錄所側重的批判，理解作經過了清理的批判。」

這段話固然是夫子自道，卻是因了老輩學者固有的謙遜態度，並沒有完全說明先生所使用方法的精義。先生的清理、批判互爲表裡的研究方法，不僅應用在劉勰的思想上，也將之用於探究作爲他山之石加以借鑑的西方理論。這一點在此也只能簡單地談一下。先生曾多次引用馬克思《政治經濟學批判導言》裡的一段話，來表明自己對於將古今中外結合起來的看法：「人體解剖對猴體解剖是一把鑰匙。低等動物身上表露的高等動物的徵兆，反而只有在高等動物本身已被認識之後才能理解。因此，資產階級經濟爲古代經濟提供了鑰匙。」先生由此想到，「對於萌芽形態尙未成熟的文學現象，只有用後來已經成熟的發達形式的文學現象才能加以說明。」當然，這絕對不是說先生認爲《文心雕龍》是「低等」的，恰恰相反，先生認爲同時代的西方尙無堪與比肩的作品，很好地說明了先生之所以贊同季羡林先生「一定能把中國文藝理論的許多術語用明確的科學語言表達出來」的意見的理由。以這樣的態度來治學，才有可能從根本上杜絕借鑒流於借用、比較流於比附的病態現象。將中國文藝理論術語，特別是其「尙未獲得充分發展的萌芽胚胎」，予以明確的界定和說明，不僅是研究手段，也是研究目的本身。先生對西方的有關理論同樣採取了清理批判的態度，選擇翻譯了《文學風格論》和莎士比亞研究評論文字，鑽研了黑格爾的美學理論，等等，這一切確保了先生名之爲「綜合研究法」的可能和成功。

此書問世後，與錢鍾書先生的《管錐編》、《談藝錄》、《七綴集》以及季羡林先生的《中印文化關係史論集》等同獲首屆（一九七九—一九八九）比較文學圖書榮譽獎（最高獎），充分說明學術界對先生「綜合研究法」的高度評價。程千帆教授在《原學》第三輯發表的談話中談到，近代章太炎、王國維、陳寅恪至當代朱光潛、王元化等，之所以能在學術上有新的突破，在於將傳統文化與外來文化中眞正有價值的東西結合起來，這不是生搬硬套，而是融解與滲透。又說：「王元化講我國古代文論中的風格，比別人講得都好，這是由於他對德國古典美學體會深。不是硬用黑格爾套劉彥和，或者反過來。」無獨有偶，袁行霈教授回憶，在全國文學學科規畫中，王瑤先生生前曾有一個重點選題，就是要把中國現代最有成就的十五位古典文學研究者的成果分別進行總結，按照時間序列，其中打頭的是王國維，結尾就是王元化。同樣要注意的是，在先生的理解批判中，也吸收了中國傳統學術的優秀方法，如考據。在此僅舉一例。關於劉勰的身世問題，過去一般認爲劉勰出身士族，先生則不同意這種說法，在一九六一年寫成《劉勰身世與士庶區別問題》，利用了大量的材料，從士族身分的規定、劉氏世系、劉勰本人的生平事跡、《文心雕龍》反映出來的思想觀點等角度，如剝筍般層層推演，考明劉勰並非出身士族，而是出身於家道中落的貧寒庶族。在沒有鐵證的情況下，先生寧願闕疑，比如劉勰家族與天師道的關係問題，先生也注意到劉勰祖先頗有以「之」爲名者（季羨林先生也指出了這一點），當然更不會不知道陳寅恪先生的著名論斷，不過，具體到劉勰家族，先生並未驟下決斷。

先生在一九九六年，爲百花洲文藝出版社出版的當年讀黑格爾筆記的影印排印合璧本所寫的序《讀黑格爾的思想歷程》裡，回憶了從接觸到喜愛到鑽研黑格爾著作的經過。先生在五十年代被審查時開始接觸黑格爾，最先閱讀的是《小邏輯》，後來旁及所有黑格爾著作的中譯本，除了《小邏輯》以外，《美學》、《哲學史講演錄》都是先生反覆讀過很多遍，並且作了幾十冊的詳細筆記。韋卓民先生因此稱先生之讀黑格爾爲「韋編三絕」。據先生自己講，他起初是「一個從來不習慣於思辨思維的人」，但是在克服許多困難，讀通了之後，先生成爲黑格爾的景仰者，領略了黑格爾哲學「無堅不摧掃除一切迷妄的思想力量」。先生從此「沉潛於思辨的海洋，不再像過去那樣迷戀於令人心醉的激情世界了」。在相當長的一段時間裡，先生只讀那些難懂的書，有意識地向自己發出挑戰。結果是，先生「深深服膺德國古典哲學自康德（I. Kant）以來所倡導的批判精神。這裡說的批判精神，就是對過去各個哲學範疇重新衡量與估價，也就是對那些未經過追究的範疇進行考核，探討這些範疇在什麼限度內具有價值與效用。批判是不接受未經考察過的前提的。它具有反對盲從、反對迷信、提倡獨立思考的意義」。批判也被先生應用在黑格爾哲學本身。經過以獨立思考爲原則的批判，黑格爾哲學不再僅僅是批判的武器了，而且也成爲先生進行武器的批判的利器。先生有關黑格爾哲學的心得是相當多的，可貴的是，雖然先生也和韋卓民先生保持著密切的、高質量的有關黑格爾的通信，但是，這些心得主要還是先生沉潛自造而得的。先生無法利用德文原著，如果不是經過冷暖自知的苦讀與思考，是不可能對名家的譯文提出精當的批評的，認爲「情志」比朱光潛先生所用的「情致」更爲恰當，就是顯例。在此，只能簡述一下先生的幾個主要心得。這些心得化爲鉛字發表當然都是之後很久的事情了。

首先是知性問題。知性的分析方法至今還有一定的市場。先生認爲，康德以來的德國古典哲學將知性看作認識的一種性能和一個環節，是完全必要的，有助於糾正將認識分爲感性和理性的二分法。按照這種二分法，很可能將知性和理性混淆起來。知性具有形而上學性質，並不可能達到對事務全面的、本質的和內在聯繫的認識。知性也不能認識美。先生在隔離結束回家後，利用這個心得解決了馬克思《政治經濟學批判導言》中所提出的「由抽象上升到具體」的多年來聚訟紛紜的難題。先生不滿意用《資本論》第二版跋中的「說明方法」和「敘述方法」來加以解釋，認爲馬克思也是運用了感性—知性—理性三段式的。馬克思所說的「分析的理智所做的一些簡單的規定」，就是指知性而言的。先生在後來運用這個理論，批評了所謂的「抓要害」以及攻其一點不計其餘的惡劣作風。下面還會談到，這個觀點還惹起過一場風波。

其次是關於《小邏輯》提出的普遍性、特殊性、個體性的三範疇論。先生發現黑格爾在《理想的定性》中，使用它闡述了理念經過自我發展過程而形成具體的藝術作品，先生並進一步認爲，美學中的情況相當於邏輯學總念論三範疇論中的普遍性，情境相當於特殊性，情節相當於個體性。先生還曾經對黑格爾關於「抽象的普遍性」和「總念的普遍性」的劃分相當欽佩，不過，近年來已放棄此說。先生認爲，知性的普遍性固然不可取，但以爲總念的普遍性可以將特殊性和個體性一舉包括在自身之內，卻是一種空想，在邏輯上雖有可能，事實上卻無法做到。這樣的思想會給人類帶來災難。先生後來還將這一意見用於對盧梭（J. J. Rousseau）公意說的批判。

復次是黑格爾《美學》中的情志說。情志既不是具有低劣意味的情欲，也非經過深思熟慮的理智所形成的思想，而是盤據心頭不招即來的一種意志力量。它既非思想又非感情，同時卻又兼具兩者的某些性質，先生認爲，這就可以將藝術品中表現思想感情的問題，置於更深入合理的地位上加以解決。諸如此類的心得在先生的黑格爾研究中尚有不少。

當然，在九十年代先生開始的反思中，有些觀點已經被先生自己捨棄了。除了前面提到的兩種普遍性外，比較重要的是邏輯和歷史的一致性問題。先生最近已不贊同兩者一致的說法，而是認爲，從歷史的發展中固然可以推考出某些邏輯性規律，但它們是近似的，不完全的。歷史和邏輯並不一致，後者絕不能代替前者。因此，先生指出，應當強調法律上的證據，而不能根據邏輯推理和自由心證。

在這段困厄的日子裡，先生還和師母一起，共同翻譯了幾十萬字的西方莎劇評論。心靈的經歷與體驗和研讀黑格爾頗有相近之處，先生也經過了從不喜好到爲之入迷的過程。這裡面當然有學術研究的成分與追求，不過，更主要的恐怕是在當時的環境下對探求人性的渴望。有心人自可參看先生的《讀莎劇時期的回顧》。

先生的平反要晚至一九七九年。從七十年代下半葉開始，先生的研究興趣明顯轉向了思想史研究。一九七六、一九七七年，分別撰寫了長篇論文《韓非論稿》和《龔自珍思想筆談》，其意均在批駁評法批儒鬧劇中的謬論邪說，以眞正的學術文章傲視兼藐視鋪天蓋地的大批判文字。

《韓非論稿》旨在探究所謂「集法家大成」的韓非思想。先生指出，韓非的學說融會了法、術、勢三個方面，與早期法家一斷於法明顯不同。韓非學說中出於中心地位的是術，在立論上也是如此，論者在評價韓非時模糊了法和術的界限。韓非主張的根本就不是法治精神，而是君權至上，而且還是愚民政策的倡導者，只能說比起早期法家來是後退了。先生在文中直截了當地反對將乾隆歸入法家，認爲乾隆倒可歸爲韓非一流。先生完全知道主張將乾隆歸爲法家的是何許人也。先生又一次運用黑格爾作爲武器，指出韓非的君主本位主義理論的哲學基礎，就是如黑格爾說的使「個體停止其爲主體」，即用共性湮沒個性，用同一性取消特殊性的那種本體論。先生還揭示了，韓非的治道就是利用人的自私自利的惡劣情欲，同時必然就會滿眼敵情人人可疑。並且，韓非濫用了只有在一定限度內才是合理的不可兩立的矛盾律，將之擴大到本來是辯證統一的關係上。這篇文章的寫作時在「四人幫」垮台前夕，這是需要巨大的追求眞理的勇氣的。

寫作《龔自珍思想筆談》時，先生仍未平反。先生將龔自珍的文學主張概括爲《識某大令集尾》裡的「達」、「誠」、「情」三字，闡述了它們的新意所在，並著重指出具有根本性意義的「情」近似於費希特（J. G. Fichte）的「自我意識」，其內涵乃是反唯理主義的個性解放。先生一反舊說，認爲龔自珍的經世致用之文和他的批判性寓言之間，存在著相當大的矛盾，指出對前者不能評價過高，相反，後者卻有恒久的價值。先生還以《龔自珍全集》無一字提及申韓之法，連申韓之名也僅一見爲證，批駁了將龔自珍歸爲法家的無稽之談。

千淘萬漉，堂堂溪水山前村

先生在一九七九年十一月九日歷經二十三年的冤案平反前，已到大百科上海分社負責文學卷編務，平反後任中國大百科出版社上海分社領導小組成員，《中國文學卷》分編委副主任。一九八一年，被聘爲國務院學位委員會評議組成員，後再連任一屆。一九八二年，當選中共十二大代表。一九八三年，出任中共上海市委宣傳部長。一九八五年五月，不再擔任宣傳部長。

從部長位置上退下來以後，先生不再參與任何實際工作運作，杜絕一切請託推薦之事，全身心地投入到自己畢生喜愛的事業——學術研究之中。獨立的思想、自由的意志是先生矢志不移堅持的，先生有戲言曰：「我既不參加合作社，也不加入互助組，我是單幹戶。」雖然如此，先生還是爲華東師大中文系培養了好幾位博士，主編了多套有影響的學術刊物叢書，參加和主持了國內外的學術會議。當然，這些繁忙的學術活動與組織工作絕不會使先生停止筆耕。一九七九年至一九九九年這二十年間，先生的學術事業達到了一個新的前所未有的高潮，而且和以前從事地下工作和身受迫害時期相比，都有相當詳細的紀錄。下面，我們只能以大致編年的方式，予以依然只能是簡單的評述。

在整理發表劫後倖存的累積了二十餘年的舊稿之外，先生不斷有新的力作問世，很多意見都受到學術思想界的高度重視。在一九八〇年發表的《和新形式探索者對話》中，先生指出，面對滾滾而來泥沙俱下的西潮，「如果有人主張重襲前清頑固派保存國粹的那種對策，或者採取義和團扒鐵路、砍電線桿的那套蠻幹辦法，我是堅決反對的。」《中國大百科全書中國文學卷》以及《中國新文學大系》（一九七六—一九八二）理論二集，都對此文評價很高，認爲「對於其他一切傳統和新生形式的借鑒，這都是十分中肯的告誡」。魯迅是先生從青年時代起就十分崇敬的作家，也從未停止過對其思想的探究。一九八〇年，先生爲魯迅百年誕辰寫作了《關於魯迅研究的若干設想》，提出要開闊思路，「如果只根據魯迅本人的文章來品評，明於此而昧於彼，那就會使他的許多針對性的觀點難以索解」。因此，在魯迅研究上也應倡導綜合研究法。文中還指出，魯迅和進化論的關係以及所謂從進化論到階級論的路程，都還有待於進一步的深入討論。不知有沒有人注意到，雖然表面上看談的只是魯迅和章太炎的關係問題，但是，先生正是在此文中，對中國思想史研究的狀況表示了明確的不滿：「目前在思想史方面我們還很缺乏具有卓見的文章。」同年十二月撰就的《模仿·作風·風格》是譯著《文學風格論》的跋。文章指出，長期以來的風格理論是非常貧乏的，先生著重闡釋了作家的創造個性和文學體裁本身的要求，進而提出「倘使我們整理並借鑒我國古代文論和外國文論中的風格理論，放開眼界，使思想活躍起來，是可以突破今天在文學風格論的探討上所形成的僵滯狀態的」。此文之出，開以後風格論研究的風氣，周振甫先生的《文章風格學》、詹锳先生的《文心雕龍風格論》等都受到影響。一九八四年四月，先生在全國高校文藝理論研究會第四次年會上，做了題爲《文藝理論體系問題》的發言，針對當時已經開始出現的某些不良學風，對「批判」做了說明：「絕不能理解爲大批判式的批判，而是指對於概念進行清理，沙汰其中模糊不清的雜質，使之通體透明、清晰、準確。」對那些意在求勝的所謂商榷文章和企圖做驚聽回視之論的所謂翻案文章，進行了批評。這也是先生就學風發表的較早的意見。

先生在這個時期仍然有被莫名其妙地捲入政治風波之中的經歷。一九八三年初，先生去天津迎賓館，與王若水、顧驤共同襄助周揚起草紀念馬克思逝世一百週年講話稿《關於馬克思主義的幾個理論問題的探討》，由先生統稿。周揚堅持將先生已經發表的關於知性問題的意見寫入文章，以表示自己的贊同。文章發表了，遭到某位「理論權威」的不滿，竟由此引發了一場「反精神污染」運動。先生當時作爲宣傳部長，向上海市委提出不重複過去運動的方式，不搞人人表態，更不要去剪披肩髮。這些意見得到汪道涵、陳國棟先生的支持。先生還取消了《解放日報》已經排好了的兩版表態文字。中紀委專門派員調查先生。不久，上海市委成立了以夏徵農爲組長、陳其五和先生爲副組長的思想工作領導小組。同年，先生在《文心雕龍創作論第二版跋》中，對「有人提出一種新觀點或論據，於是群起襲用，既不注明出自何人何書，以沒其首創之功，甚至剽用之後反對其一二細節加以挑剔吹求，以抑人揚己」的惡劣學風，痛加抨擊，認爲「必須痛加懲創，杜絕流傳」。強調「我們應該對古往今來提出任何一種新見解的理論家，都在正文和腳注中一絲不茍地予以注明」。先生是親受其害的，先生的著作廣被承認後，抄襲者蜂起，有人隨意統計就不下五十次。一九八四年十一月，經先生倡議，復旦大學主辦了中日學者《文心雕龍》研討會。先生在講話中對思想史研究必須注意的問題發表了重要看法：「當我們研究一位思想家的思想時，應該劃清下面幾個界線：一、不能用語彙對比來判斷一位作家是屬於哪一個思想體系，這是一種非常簡單化、庸俗化的辦法。一個思想家在引用其他思想家的文字時，我們應注意有這種差異：一種是捨本意的引證，另一種是用本意的引證。這兩種引證方法要嚴加區別……二、要劃清思想資料和思想體系的區別。」這些都是人所未言的。一九八六年四月，先生又在《文心雕龍》學會第二屆年會上，做了《關於目前文學研究中的兩個問題》的講話，並在其中表達了自己對傳統文化要素的獨特看法。先生認爲，這樣的要素有四個，即在創造力上表現的特點：心理素質，特有的思維方式、抒情方式和行爲方式，價值系統。面對學術界隨生隨滅的所謂「新學派」、「新學說」，先生在本年十一月的《新思潮與新成果》中發出告誡。先生引用黑格爾曾經援引過的《新約》裡的話，即當你埋葬前人的時候，將要把你抬出去的人已經站在門口，批評趨新獵奇、隨心所欲、只憑好惡、任意擺弄的「各領風騷三五天」的所謂新理論。

戲劇評論是先生一直感興趣，也曾經投身其中的研究項目，不過有很長一段時間並無專文發表。八十年代中後期，樣板戲居然重新作爲革命宣傳與教育工作工具而被提倡，先生於是在一九八八年四月，作了《論樣板戲及其他》的答上海人民廣播電台記者問，後經修訂，改名爲

《論樣板戲》。文章尖銳地指出，樣板戲是三突出理論的實踐，兩者是密不可分的，而三突出理論所表達的那種個人崇拜，根本就蘊含著文化大革命的精神實質。文章發表後，得到廣泛的支持，不過，也有人寫信謾罵。九月，先生撰寫了《論傳統與反傳統——爲五四精神一辯》，其中對魯迅的評價引起各種各樣的很大的關注。先生的主要意見是，魯迅直到逝世前才開始超脫左的思潮，顯示了不同於《二心集》以來的那種局限性，代表了一種精神上的昇華。這個意見當然被絕大多數的眞正研究者認爲是符合魯迅實際的。但是，後來也居然有一位「著名文藝理論家」在其所撰《從五四啓蒙中繼承什麼——重讀〈新民主主義論〉兼評〈新啓蒙〉的某些觀點》中說，他認爲這是「有意的歪曲，是自由化思潮慣用的伎倆」。眞是不知所云了。實際上，先生此文的眞正精義，恐怕是對傳統文化特點的論斷以及對啓蒙運動中斷的原因所做的分析。先生認爲中國文化傳統具有這樣的特點：「靠意會不借助言傳的體知的思維方式，強調同一性忽視特殊性的尙同思想，以道德爲本位的價值系統。」側重於共性對個性的規範和制約忽視個性，以社會道德排斥自我，形成了一套固定的思想模式和倫理道德規範，使個性失去了主體性。這種固有偏見加上傳入的錯誤理論雙管齊下，是啓蒙運動中斷的重要原因。因此，不僅沒有必要把責任推諉到救亡上去，而且，更不能由此得出結論，以爲必須反對學者與藝術家的參與意識，以爲有參與意識就會喪失獨立人格和獨立思考。先生是不贊同救亡壓倒啓蒙的說法的。

此年的先生是非常忙碌的。十月，先生主編的《新啓蒙》文叢出版。這份雜誌的某次一般聚會，在不久後就被指責爲一場更大風波的源頭。上面提到的那位文藝理論家在同一篇文章裡說道：「所謂『新啓蒙』……實際上不過是在召喚資產階級思想的亡靈，要我們『補』資產階級的課，用資產階級的文化觀、價値觀來改變中國的社會主義文化航向。」另一位化名的作者乾脆誣指《新啓蒙》爲「與四項基本原則尖銳對立的資產階級自由化思潮之所以越演越烈」的重要原因，指責《新啓蒙》「具有機關刊物性質」，構成了自由化的「核心內容」。其實，《新啓蒙》的宗旨已由先生在第一本叢刊的「編後」中明確表述了：「理論的生命在於勇敢和眞誠，不屈服於權貴，不媚時阿世。」這是先生一貫堅持的爲學態度，從無改變。一九八九年三月，先生爲顧準《從理想主義到經驗主義》撰寫了序言，顧準其人其書，他的經歷和思想，此後一直受到學術界的關注和尊敬。同年四月，先生在一次於北京舉行的文化發展問題座談會上，憂心忡忡地提出必須警惕和防止文化水平的下降。

進入九十年代後，先生更加高颺獨立思想、自由意志，在學術界首先倡導進行深入的反思。當時確實有一些人抱著「我沒有什麼需要反思的」心態，對先生的倡議無法理解。這是由於他們不瞭解先生提出這一倡議的心境和「反思」的眞正內涵。先生的心境在《與友人談掌故書》裡有所表露：「我也一樣覺得自己思想光亮太少。我實在覺得中國人民多災多難。論聰明、論才智絕不後人。百餘年來，仁人志士爲此家國，捨身忘己，忍大苦難，仍無法力挽狂瀾，促其新生。瞻望未來，茫茫不見光在何處，每念及此，不覺悲從中來。」在這樣沉重的心情下，先生所說的

「反思」，針對的不僅是外在於自身的社會狀況、運動思潮，而且同時或者毋寧說更多地是要反諸己身內心，就自己的心靈變化、思想演變進行毫不留情的清理和解剖。其結果自然會拋棄一些以前的觀點思想，如前面提到的有關黑格爾哲學的某些看法；發掘出一些過去被忽略的理論問題、思想潮流及其代表人物，從而在相當大的程度上改變了知識資源和思想構成。這也是先生九十年代極有創獲的學術思想的主要發展取徑。

一九九一年十一月，先生撰寫了《文心雕龍講疏序》，此文是進入九十年代後所做的第一次反思，對過去在黑格爾哲學思想影響下撰寫此書的某些觀點，做了深刻的再思考。次年二月，先生撰《思辨發微序》。文中首次引用王船山的綜合情意說，認爲過去中國知識分子大都把自己的人格力量和學術良心滲透到治學中，並說道：「思想不能強迫別人接受，思想也不是暴力可以摧毀的。」五月，先生撰寫了致張灝教授的《與友人論海內外學風書》，在肯定了海外現代思潮的積極意義的同時，先生也表示不能接受那種六經注我或強人從己的理論和實踐。對海外有些學者所使用的概括方法，先生援據自己有關黑格爾具體的特殊性的反思結果，表達了不同的意見。六月，先生撰寫了重要的《與友人談公意及其他書》，後改名爲《與友人談公意書》。這是先生對盧梭思想反思的重要成果。這個問題一直縈繞在先生心中很多年，先生像讀黑格爾時那樣反覆詳細地重讀了《社會契約論》，寫下了密密麻麻的批注和筆記，後來在一九九八年還發表了《吳江與王元化關於〈社會契約論〉的通信》。爲了行文的方便，只能打破時序，在此一併敘述了。

盧梭對羅馬民主制的矛盾態度首先引起先生的注意，然後以擒王的方法直搗《社會契約論》的核心——公意說。先生運用的還是上面幾次提到的對黑格爾哲學反思的結果：「盧梭的公意正如黑格爾的總念的普遍性一樣，這個普遍性將特殊性與個體性統攝於自身之內，從而消融了特殊性和個體性的存在。」先生斷言盧梭是一個徹頭徹尾的「集體主義者」，並且還引用了阿爾圖塞（Louis Althusser）指出的《社會契約論》的「四大裂縫」，將之明瞭化：「盧梭的社會契約論最初是人民將自己的全部權利轉讓給集體，以公意作爲最高的指導……締約的人民被稱爲主權者……另一方面他們又以締約者的另一重身分，作爲守法的臣民。前者是他們的權利，後者是他們的義務。」這種被抽掉了特殊性和個體性的人民就是奴隸。先生指出：「公意需要化身，需要權威，需要造就出一個在政治道德上完美無缺的奇里斯瑪式的人物。不幸的事實是，這種比人民更懂得人民自身需要的公意，只是一個幻想，一場虛幻。其實質不過是悍然剝奪了個體性與特殊性的抽象普遍性。以公意這一堂皇名義出現的國家機器，可以肆意擴大自己的職權範圍，對每個社會成員進行無孔不入的干預。一旦泯滅了個體性，抽象了有血有肉的社會，每個社會成員就得爲它付出自己的全部自由作爲代價。民間社會沒有了獨立的空間，一切生命活力也就被窒息了。只有在國家干預有所限制的條件下，方能容納各種需求，使多元性、自發性、獨立性的公民意志得以溝通，達成眞正的契約關係。」此文後來還被譯成英文發表，產生了極大的影響。

幾乎被學術史遺忘了的杜亞泉及其思想，就是先生反思過程中重新發現的。一九九三年，先生撰寫了長文《杜亞泉與東西文化問題論戰》，全文分《杜亞泉簡介》、《活力的源泉》、《更新和保守》、《新思想辯》、《遊民與遊民文化》、《陳獨秀質問東方雜誌》、《陳獨秀駁杜亞泉的統整說》、《功利主義之爭》、《動靜說與調和論》、《道德繼承問題》、《時代條件與理念》，共十一節。不僅對現代思想史起了糾謬補缺的作用，而且還在東西文化比較研究上，提出了許多值得重新認識和重新評價的問題。文章認爲：「這場論戰就其在文化史上的意義來說，是遠遠凌駕於以後發生的科玄論戰、民族形式問題論戰之上的……這場論戰第一次對東西文化進行了比較研究，對兩種文化傳統做了周詳的剖析，對東西文化交流提出了各自不同的看法，實開我國文化研究之先河。以後文化研究中諸重大問題及對這些問題所持觀點，幾乎均可從這次論戰中見其端倪。其思路之開闊，論點之堅實，見解之深邃，往往難爲後人所超邁……今天有關東西文化的研究，好像在重複這場論戰中一些重要觀點。但是今天很少有人提及這場論戰了，這不能不說是一件憾事。」

這段時間內，先生花了很大精力和心血主編了《學術集林》及叢書。在一九九三年八月出版的《學術集林》第一卷的後記中，先生針對當時出現的「學術出台，思想淡化」的說法，提出了多一些有學術的思想和有思想的學術的意見，受到學界的歡迎與贊同。同年十一月，作《關於近年的反思答問》，其中說道：「這種反思之所以發生，是鑑於自己曾經那麼眞誠相信的信念，在歷史的實踐中已露出明顯的破綻。」先生著重談了對激進主義批判的反思：「從嚴復的《天演論》譯本開始，夾雜了斯賓塞（H. Spenser）觀點的社會進化論在我國成爲一種主導思潮」，而過去對其消極面認識較少。雖然諸如魯迅等前人對進化論有所反省，但是，「新的必勝於舊的」這種觀點毫無改變，並且還使「激進主義享有不容置疑的好名聲」。這個現象至今仍然存在。先生在批判的同時，也表達了「文學上的流派是否也要像設計時髦衣服一樣，在那樣短的時間內來一次更新換代？」

京劇是先生從孩提時代起一直保持至今的愛好，現在也成了反思與研究的對象。一九九五年十月，先生的長文《京劇與文化傳統叢談》在《新民晚報》連載，讀者之多，超出想像，一時洛陽紙貴。此文討論的問題都有分節小標題標明：《大傳統與小傳統》、《京劇與傳統倫理》、《模仿說與比興說》、《演員、角色、觀衆》、《心物交融》、《善出善入》、《發展與承傳》、《假象會意自由時空》、《失敗的例子》、《魯迅談梅劇》、《有神傳眞》、《成功的例子》、《振興與戲改》。全文在次年發表。先生爲撰此文，查閱資料進行構思花了半年時間。文章其實遠遠溢出了京劇的範圍，兼及大小傳統關係、京劇的道德內涵、中國傳統藝術特徵等一系列問題。以這樣宏大的背景來觀照京劇，這是前人沒有做過的工作。

五四是作爲「五四之子」的先生反覆思考、反思、再思考的問題。一九九七年七月，《文匯讀書週報》刊登了《王元化關於五四的思考》。文章比較全面地表達了先生在這個問題上的最新看法。文中指出，用「文白之爭」和「新舊之爭」不足以概言五四文化，五四的內容更爲深遠廣闊。民主與科學是否可以作爲五四主流還值得探討，而近年來受到廣泛注意的「獨立的思想和自由的精神」，實是五四的一個重要特徵。先生認爲，五四的思想成就主要是「人的覺醒」。五四時期有四種流行的觀念值得注意：庸俗進化論、激進主義、功利主義、意圖倫理，它們對於我國的文化建設越來越帶來了不良的影響。先生還分析了五四反傳統的複雜性，提出五四並不是全盤反傳統，對諸子、民間文學還是肯定的，開闢了文化建設的新領域，但是將精英文化和士紳文化視爲必須予以打倒的貴族文化，卻帶有很大片面性。這些看法必定會給五四研究開拓出新的取徑。

清園先生的反思還在進行下去，遠遠未到總結的時候。這篇注定掛一漏萬的小文也必須打住了，我們在此謹引用一段先生一九八八年答劍橋國際傳記中心問時所說的話，作爲結束：

我希望於將來的是人的尊嚴不再受到凌辱，人的價值得到確認，每個人都能具有自己的獨立人格和獨立意識。我期望於青年的是超越我們這一代，向著更有人性的目標走去。

原載《百年》第六期，與亡友錢鋼合作

智慧與學術的相生相剋

首先，必須做一個實際上說不明白的說明：題目裡的「智慧」指的是「東方式的智慧」，而「學術」則指的是「西方式的學術」。然而，即使勉強做了這樣的區分，我也很難寫明白金克木先生這個人。不過，又有幾個人能夠眞正地瞭解金先生呢？想到這點，我也就憑空冒出幾分寫這篇文章的勇氣了。

金先生是在一九四九年前不久，由湯用彤先生推薦給季羨林先生，從武漢大學轉入北京大學東方語文學系的。自此以後，季、金兩位先生的名字就和中國的印度學，特別是梵文巴利文研究分不開了。一九四九年以後，只招收過兩屆梵文巴利文的本科班。一九六〇年至一九六五年的那一班，就是由兩位先生聯袂講授的。余生也晚，是一九八四年考入北京大學學習梵巴文的，當時季、金兩位先生都已年過古稀，不再親執教鞭了。季先生還擔任著北大的行政領導工作，每天都到外文樓那間狹小的房間辦公；金先生則似乎已經淡出江湖，很少出門了。因此，我和同學們見金先生的機會就遠少於見季先生的機會。

雖說我見金先生遠比見季先生少，但一般而言，卻也要比別人見金先生多一些。我第一次見金先生，是在大學一年級的第二學期，奉一位同學轉達的金先生命我前去的口諭，到朗潤湖畔的十三公寓晉謁的。當時，我不知天高地厚，居然在東語系的一個雜誌上，寫了一篇洋洋灑灑近萬言的論印度六派哲學的文章。不知怎麼，金先生居然看到了。去了以後，在沒有一本書的客廳應該也兼書房的房間裡（這在北大是頗為奇怪的）甫一落座，還沒容我以後輩學生之禮請安問好，金先生就對著我這個初次見面還不到二十歲的學生，就我的爛文章，滔滔不絕地一個人講了兩個多小時。其間絕對沒有一句客套鼓勵，全是「這不對」，「搞錯了」，「不是這樣的」，「不能這麼說」。也不管我聽不聽得懂，教訓中不時夾著英語、法語、德語，自然少不了中氣十足的梵語。直到我告辭出門，金先生還一手把著門，站著講了半個小時。一邊敘述著自己身上的各種疾病，我也聽不清楚，反正好像重要的器官都講到了；一邊還是英語、法語、德語、梵語和「這不對」，「搞錯了」……最後的結束語居然是：「我快不行了，離死不遠了，這恐怕是我們最後一次見面了。」

當然是我「搞錯了」，難道還是金先生錯不成？但是，當時的感覺實實在在是如雷貫耳，絕非醍醐灌頂。這種風格和季先生大不相同。我年少不更事，不懂得季先生的時間寶貴，時常拿一些自以為是的破文章向季先生請教。季先生未必都是鼓勵，可是一定會給我開張詳細的書單。有時甚至將我的破文章轉給一些大學者，請他們提意見。有一篇講日本佛教的，季先生就曾經請周一良、嚴紹璗先生看過。兩位先生還都寫了詳盡的審閱意見，這使我沒齒難忘。不過，季先生和金先生也有一點相同，就是也不管我懂不懂，開的書單也是英語、法語、德語、梵語。只不過一個是說，一個是寫。

但是，這通教訓倒也並沒有使我對金先生採取敬而遠之的態度。因爲，我再愚蠢也能感覺到「這不對」、「搞錯了」的背後，是對反潮流式的來學梵文的一個小孩子的濃濃關愛。後來，我和金先生見面的機會還很不少。每次都能聽到一些國際學術界的最新動態，有符號學、現象學、參照系、格式塔、邊際效應、數理邏輯、量子力學、天體物理、人工智能、電腦語言……這些我都只能一頭霧水傻傻地聽著，照例都是金先生獨奏，他似乎是從來不在乎有沒有和聲共鳴的。除了一次，絕對就這麼一次，金先生從抽屜裡拿出一本比三十二開本還小得多的外國書來，指著自己的鉛筆批注，朝我一晃，我連是什麼書也沒有看清楚，書就被塞進了抽屜。此外，照例我也沒有在金先生那裡看到過什麼書。幾個小時一人獨奏後，送我到門口，照例是一手扶著門框，還要說上半小時，數說自己幾乎全部的重要器官都出了毛病。結束語照例是：「我快不行了，離死不遠了，這恐怕是我們最後一次見面了。」我當然不會像初次見面那樣多少有些信以爲眞了，於是連「請保重」這樣的安慰套話也懶得說，只是呵呵一笑，告辭，揚長而去。

慢慢地我發現，除了第一次把我叫去教訓時，金先生談的主要是和專業有關的話題，還很說了一些梵語，後來的談話卻全部和梵文巴利文專業如隔霄漢，風馬牛不相及，天竺之音自然也再也無福當面聆聽了。金先生似乎更是一個「百科學」教授。每次談話的結果，我只是一頭霧水之上再添一頭霧水。金先生在我這個晚輩學生的心中越來越神秘，越來越傳奇了。

課堂上是多少有點尊嚴的，但是，同學們不時也會忍不住向任課教師、一九六〇級的蔣忠新老師，打聽一些有關金先生的問題；至少在課間，金先生絕對是話題。蔣老師也是一個奇人，他雖然從來不像金先生那樣描述自己身體上的病，身體卻實在是差。給我們上一個學年的課，居然醫生會發出兩次病危通知（後來好起來，現在很健康，前不久我還買到了他和另外兩位老師合譯的《故事海選》）。我跟蔣老師至少學到兩手：一、評議學位論文「如果世界上眞有滿分的話，那麼這篇論文就應該得滿分」；二、冬天出門前，先將手伸到窗外，試探一下溫度。總之，蔣老師是非常嚴謹的，更不會議論老師。不過，被一群小孩子逼得實在過不了關，也說了一件事。他們念書的時候，主要課程由季先生、金先生分任。季先生總是抱著一大堆事先夾好小條的書來，按照計畫講課，下課鈴一響就下課，絕不拖堂；金先生則是一支粉筆，口若懸河，對下課鈴充耳不聞，例行拖堂。

學生是調皮的，好奇心自然會延伸到想探探祖師爺的功夫到底有多高的問題上來。蔣老師是不會隨便回答這樣的問題的，長篇大論我們也聽不出個所以然來。可是又實在不甘心，變著法要套出個答案來。班上有位姓周的北京同學，是被分配到梵文專業來的，平時多數時間一身軍裝衣鞋不解高臥於軍被裡，要不就苦練吉他。人是聰敏的。一次課上，他提出一個蔣老師似乎無法拒絕的要求：雖說梵文是死語言，但畢竟是能夠說的呀，蔣老師是否應該請季先生、金先生各錄一段梵文吟誦，讓我們學習學習？

蔣老師一口應承。下節課，蔣老師帶來一盤帶子。放前先說，季先生、金先生都很忙，不宜打擾。這是一盤金先生從前錄的帶子，大家可以學習。金先生的梵文是跟印度婆羅門學的，基本路數和我們中國過去背誦四書五經差不多。帶子一放，金先生的梵文吟唱如水銀瀉地般充滿了整個教室，教室裡一片寂靜。我至今記得金先生的吟唱，可是至今無法描繪那種神秘、蒼茫、悠揚、跌宕……

就在這一刻，我覺得自己被吸進了白居易《琵琶行》的「大弦嘈嘈如急雨，小弦切切如私語。嘈嘈切切錯雜彈，大珠小珠落玉盤。間關鶯語花底滑，幽咽泉流冰（作冰不作水，從陳寅恪先生說）下難。冰泉冷澀弦凝絕，凝絕不通聲暫歇。別有幽愁暗恨生，此時無聲勝有聲。銀瓶乍破水漿迸，鐵騎突出刀槍鳴。曲終收撥當心畫，四弦一聲如裂帛」。帶子放完，課堂裡仍是寂靜。最早出聲的是周同學，卻只有兩個字：「音樂。」

這是我第二次聽到金先生的梵文吟唱，當時想不到，這竟然也是最後一次。吟唱後，同學們都垂頭喪氣。我們平時練習十分困難的梵文發音時，周圍的同學都來嘲笑我們，說梵文裡有馬、牛、狗等等所有動物的聲音，還拜託我們不要製造噪音。我們一直認爲梵文是世界上最難聽的語言。現在我們明白了，爲什麼梵文是聖語，爲什麼梵文有神的地位。這是一種什麼樣的美啊，「此音只合天上有」，要怪也只有怪我們自己實在凡俗。

如今回過頭來看，梵文巴利文這種神聖的語言在今天的末法時節是幾乎不可能存活的。大環境的壓抑，早就使同學喪失了定力。而金先生的梵文吟唱則是對一九八四級梵文班同學學習梵文的自信心的一次美麗卻嚴重的打擊。大家不再抱怨什麼了，梵文不僅不難聽，相反她的美麗是那麼地撼人心魂，但是誰都明白了，這份徹心徹肺的美麗又是那麼地渺不可及。一九八四級梵文班過半數同學要求轉系，就發生在這場吟誦之後不久。今天的結果是，一九八四級梵文班近乎全軍覆沒了。誰也無法，也沒必要爲此負責，但是我相信，金先生是預見到了的。

不久以後，我就到德國留學去了。八十年代末回到北大後，又心甘情願地運交華蓋，很快就離開了燕園。當時的情勢和我的心情，或者是幼稚天眞的樂觀，使我連和師友告別的念頭都沒動過。一直到金先生去世，我再也沒有見過他，再也沒有聽到他滔滔不絕的獨自講論，再也沒有聽到他數說自己的種種已有的和可能有的疾病，再也沒有聽到他「我快不行了，離死不遠了，這恐怕是我們最後一次見面了」的招牌結束語。

回到南方以後，我還是一直輾轉聽到金先生的消息。知道他一如既往地開講，知道他一如既往地結束。心裡總有一種蔚然的感覺。有一天，聽一位剛見過金先生的朋友說，金先生打上電腦了：「一不留神就寫上萬把字。」不用那位朋友解釋，我就知道這就是原汁原味的金氏話語。心裡更是高興。

金先生的文章也確實越來越多，《文匯讀書週報》、《讀書》隔三差五地發表。思路還是那樣跳躍，文字還是那樣清爽，議論還是那麼犀利，語調還是那麼詼諧。金先生的名聲也隨之超越了學術界，幾乎成爲一個公衆人物了。大家喜歡他的散文隨筆，喜歡他的文化評論，其實也就是一句話，被他字裡行間的智慧迷倒了。智慧總是和神秘聯繫在一起的，金先生也就漸漸成了一個文化傳奇。

關於金先生的傳奇在文化圈裡的確很是流行，也頗有些人因爲我是學梵文巴利文的，而向我打聽求證。有的傳奇是從金先生用筆名辛竺出版的《舊巢痕》、用本名出版的《天竺舊事》這兩本自傳體著作裡生發出來的，雖然經過了讀者的理解、闡釋、揣測、發揮，多少與實際情況有些出入，總還不算太離譜。不過，儘管這兩本書都由三聯書店出版，而且總的印數也不算少，但是，以我的感覺，眞正的讀者恐怕並不太多。大部分是耳食者兼傳播者，而且傳播的程度一般和耳食的程度成正比。我不知道這是否可以算作傳播學的一條規律，好像事實如此。還不僅如此，傳播者的放大功能實在是厲害。個子矮小的金先生經過傳奇放大，竟然使我覺得面目模糊起來了。我就舉兩個傳奇吧。

一個有影子的，當然也不準確，是說，金先生回到國內，工作卻不是那麼容易找。正好某某大學法語教師出缺，當事者久聞金先生通曉多種外語的大名，就想當然地以爲金先生自然也懂法語，就給金先生下了聘書。豈料金先生眞正是「萬寶全書缺隻角」，偏偏就不會法語。但是，飯碗送上門來，又沒有推回去的道理，更何況金先生還等飯下肚呢！於是，金先生就按照課本，照他一貫的做法開始閉門造車式的自學，保證比聽講的學生領先五到十課。這法語一教就是四年，四年下來，學生固然學會了法語，金先生的法語水平更是理所當然地在學生之上了。我之所以說這個傳奇多少有點影子，首先是因爲金先生的確是通法語的。其次，儘管我不知道金先生是什麼時候開始學法語的，但是，我知道金先生很早就通英語、德語、世界語，學會了這些語言，再去學法語，過來人都知道，確實是有事半功倍的效果的。假使這件事是事實，也不必奇怪。因爲，故事發生時金先生已經從印度回國，掌握了梵語巴利語，在上述的情況下學會法語，實在不值得奇怪。如果這也算得上傳奇，端的反而有低估金先生的出人聰明的嫌疑了。

另一個傳奇實在是連影子都沒有了。北大盛產奇人怪人，金先生當然名列其中。不過，落實到具體的事情上，就未必靠得住了。北大是各種詼諧的順口溜的出產地，比如北大有幾怪。完整的忘了，有兩怪卻是記得的：「金克木的手杖，周某某的拐。」後者說的也是一位很受學生尊敬的著名教授，他出門必要像不良於行者那樣夾著雙拐。只不過，他的雙拐從來不點地，是雙手提著，兩腳卻行走如飛的。這位老先生不服老，經常騎車。這就更精彩傳奇了，雙拐自然不可須臾離身，人在拐在，但要騎車，雙手沒空，好個老先生，居然將雙拐夾在自行車後，在燕園裡飛馳。「金克木的手杖」，則是講金先生的手杖也從不點地，而是擎著朝天畫圈揮舞的。這就靠不住了。我就經常見到金先生仗杖而行，手杖偶爾離地是免不了的，不過，一般確確實實是按照步律點地的。我不敢保證金先生的手杖沒有朝天畫圈的時候，但這種情況肯定是不會多的。手杖偶爾一朝天，就被放大傳播成時時指天，這就像一個人抬起頭做了一件什麼事，或者說了一句什麼話，就被說成是終身替天行道，終究是靠不住的。

有關金先生的傳奇還有不少。在他去世後不久，由三聯書店出版的《孔乙己外傳》也可以當作金先生的自傳，很是有趣，但也委實並不好讀好懂，一如既往地撲朔迷離，時幻時眞。「說了白說」、「白說也說」，再加上欲語還休的蘊藉，我想，這本書和它的作者是注定難逃被索隱的宿命的。金先生的舊傳奇會流傳，新傳奇會湧現，舊傳奇會披上新衣，新傳奇會蒙上舊顏。循環往復，終究難得止時。

既然迷倒了，也就顧不上那麼許多。在公衆眼裡，一個學者的名聲超越了學術界，有了不少傳奇如影相隨，那麼此人渾身上下揮發出來的全是智慧，似乎也就和學術沒有什麼關聯了。至少不必費心去考量他的學術，更不必說體察他的智慧和學術的關係了。

身爲晚輩，倒也忝列金先生同行的我，卻不願、不敢、也不能持這種看法。我們在仰望、讚嘆金先生的智慧時，不應該淡化乃至忘卻和他的智慧密不可分的他的學術。自然，金先生有智慧，這有與生俱來的成分，也和他特殊的生活閱歷人生體驗有關係，但是，金先生何以有這樣的而不是那樣的智慧，一句話，他的智慧何以洋溢著攝人心魄的神秘？要回答這個問題，畢竟還是要好好想想他的學術的。

這裡不是介紹或評述金先生的寂寞的學術的地方。就一個大學者而言，固然一字一語、一行一動無非學術。但是，世俗卻總是要做「分別」的。就隨順世俗吧，按照眼下通行的規矩，金先生的幾十部書中至少有三本是差不多可以算「學術著作」的：《梵語文學史》、《印度文化論集》、《比較文化論集》。還有幾種翻譯，除了合譯的，金先生自己單獨譯的有《古代印度文藝理論文選》、《印度古詩選》。對了，照學術規範，儘管是從沒有幾個人懂的梵語翻譯的，儘管是選過的，翻譯也總是不能做數的。那麼也沒有辦法可想。我之所以這麼勉強，是因為我知道，如果按照被奉為圭臬的某某國某某大學的論文寫作規範手冊（有沒有人認真讀過，我是很懷疑的，區區倒是因為想搞明白究竟何為規範，很是啃了一下的），金先生的書大概是當不得「學術著作」這四字真言的。

與金先生風行於世的散文隨筆、詩歌小說、文化評論相比，他的帶有濃郁的東方智慧色彩而肯定不符合時下流行的西方學術規範的學術著作，注定是寂寞的。這不是曲高和寡的問題，而是時代的宿命，是難逃的「劫波」。寂寞就寂寞吧，金先生這樣明白的人是不會在乎的。

我的一位老師，一九六〇級梵文班學生中最高才之一，去拜訪金先生。金先生突然問他：「我的書，你們能讀懂嗎？」拜訪者敬謹答曰：「有些能，有些不能。」

金先生斷然說道：「你們讀不懂，我不是搞學術的，我搞的是ＸＸ。」拜訪者愕然。後來有一天，這位老師將金先生的這句話告訴了我。我是知道這「XX」的。我當然也是愕然。

先不說智慧吧，智慧是要隨人而去的，繼承或學習前人的智慧是可笑的誑語。那麼，金先生自己可以不承認，但我們卻不能就因此而否認的金先生的學術呢，恐怕是要被遺忘的吧！至於金先生自己所說的「XX」呢，更是注定要湮滅的吧！

每每在夜深人靜寂然獨坐的時候，胸間腦際都會無來由地湧上這些飄飄忽忽卻勾人魂魄的問號，我的心就陡然一緊。看看窗外，夜也更深了。

原載《文匯讀書週報》二〇〇一年九月二十九日

「畢竟是書生」

——紀念周一良先生

周一良先生的門生弟子終於沒有能夠等到慶賀周先生九十華誕的那一天，二〇〇一年十月二十三日晨，一良先生安詳地去了。將近一週了，我卻還是不能平靜，一陣陣地胸悶心悸。二十九日，我在「中外交往史」課上向學生讀了一篇短短的悼文，以表達自己的哀思。我不得不低下頭，因爲淚水已是幾乎控制不住了。

對於我來說，噩耗既在意料之中，又在意料之外。說是意料之中，那是因爲一良先生近幾年來，一直受著帕金森氏症的折磨，已有很長時間不能行走自如，文章也主要靠口述而成了。對於老人，這些都是不祥的預兆吧。

說起這種疾病的起因，眞正是應了「樂極生悲」四個字的。一九九三年一月間，學生聚會恭賀一良先生八十大壽。一良先生的心情極好。回家時，不顧學生們的勸阻，堅持要一如既往地騎他那輛在北大頗有點名氣的小軲轆女車。當時，一良先生的身體也是極好，何況北大校園裡的騎車老人比比皆是，所以學生們的勸也不很認眞。一良先生笑答：「這就騎最後一次了，過了八十，明天就安步當車吧。」那是想來連他自己都未必當眞的。豈料一語成讖，不知怎麼的，出門就是一跤，從此，只能安步了。不久，連步都不安了，只能坐上了輪椅。一九九三年，我已經離開北大回到了上海，這個消息是輾轉聽到的。聽誰說的，已是想不起來了，那人惋惜地說「那晚還有很好的月亮啊」的神情卻宛在目前。

可是，情況也似乎並沒有馬上就惡化。我還是不停地收到一良先生賜寄的著作，由於擔心的緣故，開始特別留意一良先生題字筆跡的變化。那一跤以後不久，我收到了《周一良先生八十生日紀念論文集》（中國社會科學出版社，一九九三），連包書紙上的地址都還是一良先生的親筆，介於行楷和行草之間，漂亮極了。這是誰都不捨得丟棄的，我將包書紙的有字的部分剪了下來，黏貼在書後。周慰曾的《周叔弢傳》（北京師範大學出版社，一九九四），我是一九九五年謁見一良先生時領賜的，卻沒有題贈之辭。我自己在扉頁上有一段題記：「一九九五年六月三日下午五時許，同守常往訪太初先生。時先生因小中風，正請人按摩，右手已幾不能握管。余呈上《周叔弢與自莊嚴堪》一文（《文匯讀書週報》，一九九二年十二月五日，原是爲慶賀一良先生八十華誕而作——補記）。然先生精神尚好也。」以後的《周一良學術論著自選集》（首都師範大學出版社，一九九五）、《畢竟是書生》（北京十月文藝出版社，一九九八）還都有一良先生的題字，但筆跡已如孩童，顯得越來越吃力拙重了，我的心情也隨之日漸沉重。一九九八年遼寧教育出版社出版的《周一良集》五大卷也蒙頒賜了，印刷裝幀都堪稱精美，由於沒有一良先生的題字，總有美中不足的遺憾；而且我也明知是再也不會有的了，這份無法彌補的遺憾也就更令我傷感。《折柴焚記》（北京大學出版社，一九九八）出版後，我知道不能再等一良先生賜寄了，於是書店一見就買了。書是一良先生翻譯的新井白石的名著，一冊平裝拿在手裡薄薄輕輕的，心裡也空空落落的。

我總覺得一良先生正在悄悄地走遠……於是多少也有點準備了。

至於說意料之外，那是因爲我知道就在二十一日晚，一良先生還和季羨林師、饒宗頤先生歡聚暢談，興致很高；二十二日下午，一良先生可能是意猶未盡，還和季羨林師通了時間不短的電話。我正在爲這幾位學界耆老的身心俱泰而高興，豈料一良先生就在二十三日晨駕鶴西去了。無論我做了多少的心理準備，這也實在是太過突然了。我呆住了，手裡的電話許久忘了掛上。

當年考大學，北大歷史系只在上海招一個，聽說似乎是內定了要招如今已在美國費城大學的楊繼東兄的，何況我的第一志願是考一九四九年以來只是第二次招生的梵文巴利文專業，也是推薦特招的。因此，儘管我的歷史考分是當年上海的第一名，但我進的卻是外語類的東方語言文學系，並不是歷史系的學生。而且，大概是在我進大學的前一年，一良先生就已經「按時」退休了，所以我沒有聽過一良先生的課。可是，不管按什麼標準來看，我卻都應該算是一良先生的學生。

道理很簡單：我的恩師季羨林先生和一良先生是多年的好友。一良先生的絕「筆」大概是爲《季羨林與二十世紀中國學術》（北京大學出版社，二〇〇一年七月）口述的「序」了吧，裡面有這麼一段話：「回想一九四六年春，陳寅恪先生在歐洲治療眼疾，不幸未成功，取道美洲返國，趙元任先生夫婦從劍橋開車去紐約碼頭探望睡在普通艙、沒有下船的陳先生。我與楊聯陞兄隨同前往。就是這次從陳先生口中聽說在德國學習梵文的季羨林先生。這已是五十五年前的事了。一九四六年秋，我回到北平，在北大紅樓得識季羨林兄，兩人共同語言很多、問題看法往往一致。以後往來蹤跡雖不密切，但似乎心心相通。」我以爲，「心心相通」四個字是兩位先生半個多世紀交誼的最好寫照了。

大約是一九八五年，我在讀大學二年級，寫了一篇考證佛教傳入日本的最早時間的文章，呈交給季羨林師。當時還不怎麼懂事，不知道應該珍惜老師的寶貴時間，什麼爛文章都往季羨林師那兒送。季師自謙，說對這個問題素未留意，親自具函請一良先生和嚴紹璗先生審閱。一良先生的審閱意見有滿滿一紙，鼓勵之意、提攜後進之情溢於言表，同時也婉轉地指出，文章的結論似乎不夠穩固，還有進一步收集資料的必要。文章經過修改發表了，我也從此開始時常到燕東園二十四號一良先生的寓所拜訪請教，總是如沐春風。一良先生字字珠璣，我是只恨耳朵不夠用。最難忘的印象是，一良先生對書極熟，我不記得他當場翻過書：此外，就是一良先生的外語，英、德、法、日不必說，偶然一露的梵文，發音也是非常到位。小孩子不懂得應該克制一下好奇心，我就直接問過一良先生何以臻此？一良先生似乎並不以爲忤，答曰：他自己有時也覺得有趣，自己酷愛京劇，連形容陳寅恪先生講課之精彩，也是「眞過癮，就像聽了一齣楊小樓的拿手好戲！」可是，唱起京劇來，卻是五音不全、荒腔走板。然而，外語定音卻從來沒有遇到什麼困難。這段話後來在一良先生的自傳《畢竟是書生》裡發表了。我至今還可以清晰地想見一良先生悠然自得、微微得意的神情……

後來，我去了德國留學。回來已是上世紀八十年代末了，寫了一篇文章，比勘馬鳴的"Buddhacarita"諸梵本，試圖歸納寫本系統。原來是洋洋灑灑數萬字的，季羨林師像當年他的導師瓦爾德施密特教授對待他的博士論文一樣，用一個前括號、一個後括號，將我自鳴得意其實盡是廢話的「導論」完全刪落。剩下的就是發表在《中國社會科學》一九九〇年第一期（創刊十週年紀念專號）上的《試論馬鳴〈佛本行經〉》。裡面提到了一良先生發表在一九四八年四月十七日《申報·文史副刊》第十九期上的《漢譯馬鳴〈佛所行贊〉的名稱和譯者》，認爲一良先生「眞正解決了這個問題」。可是，我和一良先生的意見也不盡相同：「不過，周一良先生『佛本行經和龐大的佛本行集經尤其無干』的說法，似乎可以商榷。實際上，《佛本行集經》主要是引文，尤其在第四至第九品以及第十一品中，更是大段大段地抄自《佛本行經》。這個情況瓊斯頓早已指出了。」現在看來，先不說當時才二十四歲的我的這段話語氣顯有不遜之嫌，若就事論事，一良先生關心的原本也只是「名稱和譯者」，我的問題不在一良先生的題中，我的蛇足之論才眞正是「無干」。一良先生豈能不明白？然而，當我前去拜望時，一良先生主動提到我的文章，微笑著說：「我的這篇文章發表了幾十年，石沉大海，沒有反響。你是第一個注意到的。我送你八個字：『空谷足音，後生可畏。』」我敢保證，這句話我記得一字不差，因爲能得到一良先生的稱賞，要說不得意，那就實在是虛僞了。多年以後，我明白了當時沒有意識到的冒失，卻在一九九六年收到了《周一良學術論著自選集》，不禁還是首先翻到那一篇，在文末看到了這麼一句：「〔補記〕《中國社會科學》一九九〇年第一期載錢文忠同志《試論馬鳴〈佛本行經〉》，對此文有所引伸論證，希讀者參看。一九九三年二月編定自選集時補記。」一九九三年，是我最困難的時候，我離開北大，幾年間在南方漂泊；一九九六年，我正在絕望中等待著重新回到大學的機會。人隔千里，我只覺得，一良先生離我從來沒有那麼的近過。

我的腦海裡滿是和一良先生相晤相對的影像，揮之不去……

一九九〇年八月，我得到聯合國「十世紀前的絲綢之路和東西文化交流：沙漠路線考察烏魯木齊國際研討會」的邀請，當我知道一良先生竟然也去時，我大喜過望。就趕忙與一良先生相約，一同飛往烏魯木齊。就在北京機場，我親眼目睹了不能忘卻的一幕。本著「有事弟子服其勞」的古訓，我提出要替一良先生提包，一良先生卻一直不肯。不料一進機場大廳，一良先生卻把包往我手裡一塞，自己加快腳步，以近乎小跑的速度向一個人迎上去。等我醒過神來，趕上去，就只看見一良先生微躬著身，握著那個人的手在問：「您身體可好？您也去開會啊。」我在旁邊定睛一看，那個人似乎不見得比一良先生年高，個子瘦小，腰板筆直，雙目精光四射。手提網兜一個，內裝老式臉盆暖壺，似乎頸後還有一頂草帽，彷彿要下鄉或去幹校勞動的樣子，這在滿是西裝革履的候機大廳裡，可是有點突兀。那人卻神閒氣定，絲毫不覺得自己和周圍人有什麼不協調。一良先生回過頭來，爲我介紹：「小錢，這位是林志純林先生。」見我一時沒有反應，一良先生又補上一句：「日知先生啊。」日知先生，那可是比當時已經七十七歲的一良先生還要年長許多的，哪知看上去如此矍鑠，我趕緊鞠躬如儀。一路上，兩位先生不顧蘇制圖一五四震耳的噪音，不停地親密交談著，看來他們也是許久不見了。我觀察著一良先生，他在親密中一直不失對年長者的關切和敬重。這是多麼生動的一課。我有幸忝列日知先生的弟子黃洋兄和金壽福兄的同事，前不久還和他們談起這件事。不過，我想，此生此世，恐怕我是不太會再談的了。

儘管我見到不多，但是，一良先生也有批評人的時候。就在那次會上，我用英語宣讀論文 “The Ancient Chinese Names of India and Their Origins” （《印度的古代漢語譯名及其來源》）。讀完，坐到一良先生身邊。一良先生就說：「accent（重音）錯了好幾個。」然後一一複述，爲我糾正。我在佩服一良先生的過耳不忘的同時，更多感覺到的是一種暖暖的感動。

如果說這樣的批評還是慈眉善目的話，那麼，儒雅矜持的一良先生也還有怒目金剛的時候。可能說怒目有些過了，但是，的確是金剛般的嚴肅的。還是在那次會上，一良先生忽然對我說：

「這成什麼話，簡直豈有此理，丟臉丟到家了。你看——」我驚訝地接過一良先生遞過來的一篇論文，不禁也為之臉紅了：在該文的英文摘要裡，提到不少日本學者的名字。作者不知道這些名字日文的羅馬字母圍寫拼法，連字典也懶得查，也不去請教懂行的人，居然徑直以漢語拼音出之。舉個例吧：中村元不說Hajime Nakamura，而說Zhongcunyuan；湯山明不說Akira Yuyama，而說Tangshanming！我想，這樣的「學者」今天大概是還有不少的吧，似乎大可不必為他們臉紅的。

另一次是在北大校園司徒雷登（J. L. Stuart）的舊居「臨湖軒」。一位外國學者來訪，舉行一次範圍不大的交流活動。事先考慮到與會者未必都能講外語，準備了翻譯。偏偏有那麼一位很有些年紀和地位的學者，不知藏拙，堅持自己講英語。那實在是不可卒聽的「英語」，悍然不顧一切的發音和語法規則，標準的「人有多大膽地有多高產」，直聽得人肚腸根和牙根一同發癢。散會，陪侍一良先生回家，我斗膽發表了自己的聽感。一良先生的回答是：「不知羞恥為何物，要是有個地洞，我都要替他鑽下去。」

這些都是我親身經歷的事了。可是，有一件和我的命運最直接相關的事，也是一良先生最令我感動的一件事，我卻是在幾年以後才知道的。

九十年代初，我有五六年時間不能到所有與學術相關的機構工作，苦悶是可想而知的了。幾年前的一天，忽然有位朋友傳話，說王元化先生讓我去看他。我與王元化先生從來沒有見過面，王先生的地位是那麼崇高，自己當時又多少有些自暴自棄……不過，考慮再三，我還是遵命趨謁了。從此，在我的人生旅途中又多了一位恩師、嚴師，在王先生和其他先生的關心下，不久我又得以回到了自己應該待的地方。可是，不知道為什麼，現在想想也實在很是奇怪，我居然沒有問過王先生，他是怎麼知道有我這麼一個不成材的年輕人的？王先生也沒有主動提過。終於有一天，王先生彷彿不經意地問我：「文忠，你知道是誰最早向我提起你的啊？」老先生好像認定我想不到，就直接說道：「是周一良周先生。」元化先生接著說：「我和周先生並不認識，有一次開會才遇見。會議安排我們坐一輛車。周先生握住我的手，介紹了你的情況。還說你這個小孩子很倔，認為在上海只有我才可以管住你，不能讓你再漂在社會上，你還是應該回來做學問啊。」

這實在是……我的確沒有想到。可是，我為什麼想不到呢？我難道不應該想到嗎？當時，我的腦子轟的一下，胸口也受到重重的一擊，鼻子不爭氣地直發酸。我傻傻地看著神色凝重的元化先生，一個字也說不出來。

好幾年過去了，在一良先生去世前的兩個月，我讀到了可能是一良先生絕筆的一篇文章，就是上面提到的那篇序，裡面有這樣一段話：「並世學人當中，學識廣博精深（非一般浮泛）而兼通中外（包括東方、西方）者，我最佩服三位：就是季羨林、饒宗頤、王元化三位先生。」下面又說：「王元化先生遭受過幾十年的『右派』厄運。」一良先生口述此文時，一定是思緒起伏、心情激動，而且恐怕體力精神都已經不濟了，文章的思路已不復過去的清晰了。但是，說元化先生「遭受過幾十年『右派』厄運」，我相信並非是一良先生病中腦力不勝而造成的誤記，而是恰恰印證了元化先生他和一良先生並不相熟的話。是啊，一良先生和他最佩服的三位先生都是我的恩師，道德文章到了他們的那個境界，惜惜之情又何須建立在俗世的私交上呢？

還是不回憶了吧，回憶實在使我不堪承受。

一良先生走了，他的道德文章還在，絕不會湮滅的。文章也不必說了，一良先生的成就早已有公論。一良先生略帶自嘲的話：「五十年代學校教授評級，我忝列二級，自己心悅誠服。因而想起《世說新語．品藻篇》所載：『世論溫太眞是過江第二流之高者。時名輩共說人物第一將盡之間，溫常失色。』溫太眞曠達人，『第二流之高者』正自不惡，何失色之有耶？」我無論怎麼品味，都有一點無可奈何的苦澀。近幾天總情不自禁地遐想，陳寅恪先生在《贈蔣秉南序》中有一句話：「嗚呼！此豈寅恪少時所自待及異日他人所望於寅恪者哉？」一良先生一定也會有一樣的感慨吧，只須將「寅恪」改成「一良」罷了。不過，在我等後生小子看來，這「第二流之高者」，大概正是黃侃所說的古人取走天九以後的牌中的地八吧。已然是人間至高的了。

至於國人看得比文章更重的道德，我覺得一良先生也沒有什麼需要愧疚的。不就是懷著遠遠超出一般知識分子的「原罪感」，被人利用做了「馴服工具」麼？調入「梁效」難道不是至高無上的「組織」的決定？在「梁效」充當「顧問」難道不是為偉大領袖毛主席服務？不就指出「孔丘身材高大，孔武有力，絕不能說矮小」這麼絕無僅有地把了一次關麼？請問，一良先生作過什麼孽，害過什麼人嗎？難道《畢竟是書生》公之於衆的那樣的懺悔還不夠麼？難道一良先生自己承擔的還不夠嗎？試問，那些真正的作孽者呢？那些真正的害人者呢？我對此的看法已經全部表達在《紅與黑——從周一良先生〈畢竟是書生〉看現代中國知識人的歷程》裡了（《萬象》第一卷第五期），也實在懶得再說。讓我高興的是，緊接此文的就是一良先生的《弢翁詩詞存稿跋》，因此我有理由相信，一良先生是看到了我的文章的。至於現在仍然還有，而且數量不少的，眞眞假假，虛虛實實，腦袋仍然寄存在不知所云、不明所以、不識所謂的瘋狂歲月裡的，堅持以先知加烈士的標準要求像一良先生那樣無法控制自己命運的人的那些高尚君子，我固然未必有興趣，老實說也不願意花這份時間，像魯迅對付「反對白話，妨害白話者」那樣「上下四方尋求，得到一種最黑，最黑，最黑的咒文」來施以詛咒，卻倒也還有意向他們推薦一下伯林（Isaiah Berlin）及其喜愛的赫爾岑（A. Herzen）的書和文章，看看他們是怎樣論述「犧牲」，特別是無謂的「犧牲」的。如果這樣還不行，那麼想來是誰都沒有辦法的了。我也只有將這些道貌岸然、高自標樹的豪言壯語，一概視作陳寅恪先生在《王觀堂先生輓詞》的「序」中所說的「流俗恩怨榮辱委瑣齷齪之說」，「皆不足置辨」。

北大傳來的消息是，自發去與一良先生告別的學生人數過千。我想，他們中的絕大多數並沒有見過一良先生。對我而言，這個消息宛如黑夜裡的一道光亮，多少使我在悲痛中感到一絲寬慰：不僅是因了「北大學生畢竟是北大學生」而自豪，而且更是爲了，這條消息似乎能夠說服我相信近來一直懷疑的「公理自在世道人心」這句古話了。

原載《文匯讀書週報》二〇〇一年十一月十日

周叔弢與自莊嚴堪

自莊嚴堪是周叔弢老先生的藏書室。時至今日，對於一般人來說，這個名字仍然是極為陌生，即使對學習目錄版本之學的人而言，恐怕也算不上耳熟能詳。

譜起周密的至德周家在近現代中國無疑是引人矚目的。弢老的上一輩曾任北洋財政總長，創立的啓東財團曾經對中國北方的工業，尤其是重工業的發展做出過巨大貢獻，在民族工業中，可謂是一枝獨秀。但是，從周叔弢、周叔迦、周志輔諸老起，到周一良、周珏良、周紹良、周杲良等先生，周家已是專以學問名家，陳寅恪先生稱譽周一良先生「富而好學」，正是貼切寫照。周家似乎是沒有人再經商或從事實業了，這實在是異數，可是，也實在是中國學術史上的幸事。

弢老十六歲居揚州時，即開始參照張之洞《書目答問》購書，後又偶然買到莫友芝的《郘亭知見傳本書目》，始講求版本。一九一四年，弢老從青島移居天津，曾以廉價購得天祿琳琅舊藏《寒山子詩集》，特取齋名曰「拾寒堂」。是為弢老收藏宋版的開始。

本世紀初，幾大著名藏書家如海源閣楊氏、臨清徐氏、吳興陸氏等的藏書紛紛散出。尤其是三世藏書、極多精品的楊氏海源閣藏書，在一九二〇年代由其後人運至天津，爲「獨於古書秘籍則深嗜篤好，專精奮氣以肆求索，若疾病之待藥餌而飢渴之思食飲也」（傅沅叔《周君叔弢勘書圖序》語）的弢老，提供了千載難逢的機會。

弢老不僅有龐大的家業，而且自己又「常抒其長才，經營實業，佐理市政，秩然有序」（謝剛主《自莊嚴堪善本書自序》語），故爾能挾其雄厚的經濟實力，時有令人瞠目的豪舉，自然並不僅限於搜購海源閣藏書。比如士禮居舊藏宋刻本卷五至七黃蕘圃倩人影宋抄補並跋的《監本纂圖重言重意互注點校毛詩》、宋余仁仲萬卷堂家塾刻本《禮記》、宋鶴林于氏家塾棲雲閣刻元修本《春秋經傳集解》等等，均以巨價或黃金購得。

不過，書緣慳吝，尤其是宋元舊槧名抄不僅罕見，而且往往分身有術。弢老自然必須花費更大的財力與精力，才能遂劍合珠還之願。前面提到的宋鶴林于氏刊本《春秋經傳集解》共三十卷，今存二十九卷。這部海內孤本的卷二、十七、十八、二十一原存北京翰文齋，爲德化李氏所得；項城袁氏原藏卷二十六，後又輾轉歸廬江劉氏。弢老先只是從楊敬夫處重值購得二十三卷，轉而再以兩倍於楊氏的價格，從李氏手中購得其所藏之四卷；又偶然在文祿堂見卷十四影片，詢知藏石氏處，又以高於李氏的價格購此一冊；而劉晦之所藏之卷二十六，數年屢請，堅不肯讓，後劉氏藏書散佚，此書就配齊無緣了。又比如元岳氏刻本《春秋經傳集解卅卷·春秋名號歸一圖二卷·年表一卷》，弢老也是先在文友堂購得《春秋年表》及《名號歸一圖》，隔年從藻玉堂得卷十二、十三、二十七至三十，凡六卷；第三年又從肄文堂得卷二至十一，十四至十六，凡二十三卷；而卷一則在十年前已歸嘉定徐氏。後來由謝剛主先生介紹，徐氏子在小除夕將這冊傳言已焚毀於上海閘北之役的卷一帶到天津，因索價奇昂，諧價兩年方以黃金一兩購妥。至此，此書方成完璧。

以上所提到的只不過是自莊嚴堪書海一粟而已。如此費盡心力搜索故典，最終連實力雄勁的弢老也要考慮衣食了。終於在壬午年春三月，將明本書百餘種售讓給了陳一甫。事實上，這筆錢還是沒有用於衣食，而是去買了值約當時滬幣五萬金的宋余仁仲刻本《禮記注廿卷》。在此書的跋語中弢老寫道：「昔人割莊易《漢書》之舉，或尚不足以方余癡；而支硎山人錢物可得，書不可得，雖費當弗校之言，實可謂先獲我心。」不僅如此，在售去上述百餘種書之日「中心依依，不勝揮淚宮娥之感」的弢老，最終又以高出售價一倍半的三百元，從陳一甫處贖回了明嘉靖杜思刻本《齊乘六卷釋音一卷》。弢老在自嘆「惜書之癖，甚於惜錢，結習之深，可笑亦復可憫也」之餘，還爲江都方無隅先生「買書一樂，有新獲也；賣書一樂，得錢可以濟急也；賣書不售一樂，書仍爲我有也」的「三樂」續上「一樂」云：「贖書一樂，故友重逢，其情彌親也。」

弢老自莊嚴堪收書懸格特嚴，對卷帙是否完備、楮墨是否精湛均極講究，不僅僅是講究其書必爲經子善本、大家名著、鈔校祖本而已。對不幸有俗書惡印，點污塗抹者，一概摒除，不予濫收。弢老有一標準曰「五好」：一版刻好，等於一個人先天體格強健；二紙張印刷好，等於一個人後天營養得宜；三題跋好，如同一個人富有才華；四收藏印章好，宛如美人薄施脂粉；五裝潢好，像一個人衣冠整齊。因此，除非是萬不得已，弢老是絕不贊成損拆類似毛氏「宣綾包角藏經箋」這樣的舊裝的。「書之精神在紙光墨采中，非極渝敝，不可輕付裝潢。」（清初錢氏述古堂抄本《李文公集十八卷》跋）

所以，儘管自莊嚴堪的藏書歷史開始得並不太早，但在短時間內「聲光騰焯，崛起北方，與木樨軒雙鑒樓鼎足而立，駸且駕而上之」（傅沅叔《周君叔弢勘書圖序》）

我想，弢老之所以深受藏書界、目錄版本學界的欽重，恐怕不僅僅是因爲自莊嚴堪多銘心絕品；或是因爲弢老愛書如命，有客觀書，必告以澄神端慮，靜几焚香，恪守趙文敏「六勿」之誡；或是因爲弢老在絕品孤本上只鈐「周暹」小章，以備後人不喜可剜去的謙撝；甚至也不僅僅因爲弢老本身就是一個造詣精深的學者……

更重要的是，弢老從未將憑其一己之力收集起來的藏書，看作是要「子孫永保」的私產，從未將購求善本看作是積累私產。早在丁亥春，弢老就曾將撫州本《左傳》二卷及宋汀州本《群經音辯》二卷歸之故宮。在元岳氏本《春秋經傳集解》的跋語中記道：「此二書紙墨精美，宋刻上乘……宛在目前。然故宮所佚，得此即爲完書，余豈忍私自彌秘，與書爲仇耶！去書之日，心意惘然，因記其端委於此。」北洋軍閥造成的混亂，使得許多珍本秘籍流散國外。吳興陸氏皕宋樓藏書即為日本三菱公司所得，專建靜嘉堂文庫以儲之。弢老對此自然憂心如焚。抗戰前，日本東京文求堂主人田中慶太郎從我國買去大批善本，多有傅氏雙鑑樓珍品。弢老從《文求堂書目》上得知消息後，以巨價購回宋本《東觀餘論》，元本黃蕘圃跋《黃山谷詩注》及汲古閣抄本《東家雜記》等書。內中宋本《通典》索價一萬五千元，籌款不及，旋被定為日本「國寶」，不許出口矣。弢老在《東觀餘論》跋中寫道：「獨念者邊氛益亟，日蹙地奚止百里，當國者且漠然視之而無動於中，余乃惜此故紙，不使淪於異域，書生之見亦淺矣，恐人將笑我癡絕而無以自解也。」

一九四二年，弢老曾在自莊嚴堪書目上記下幾句留給子孫的話：「生計日艱，書價益貴，著錄善本或止於斯矣。此編固不足與海內藏家相抗衡，然數十年精力所聚，實天下公物，不欲吾子孫私守之。四海澄清，宇內無事，應舉贈國立圖書館，公之世人，是為善繼吾志。倘困於衣食，不得不用以易米，則取平值可也。毋售之私家，致作雲煙之散，庶不負此書耳。」

一九四九年七月，弢老重金購得流失在外的宋本《經典釋文》卷七捐諸北圖；一九五一年九月，捐《永樂大典》一冊；一九五二年五月，弢老將最精品七百十五種全部捐入北圖，實為北圖善本之奠基石；一九五五年及一九七二年，分兩次將所藏清代精刻本及古紙掃數捐入天津圖書館，所藏敦煌卷子、戰國、秦、漢璽印、書畫捐入天津藝術博物館。

作為藏書室的自莊嚴堪固然是不復存在了，但它與其主人弢老卻因此而長存在中國文化史中。設若這些珍本仍儲於自莊嚴堪，試問能逃脫日後接二連三的厄運否？我們難道能不說，這是弢老，至德周家的一大無量功德嗎？

噫！距一良先生手賜《自莊嚴堪善本書目》已忽焉兩年，而一良先生亦將榮登八秩，學生只能遙向燕園，願先生長壽。

原載《文匯讀書週報》一九九二年十二月五日

也說王茂蔭

自從明朝末年以來，北京城內就寄居著來自西方各國的傳教士，數量很是不小。一般而言，他們都是滿懷宗教熱誠，來開發據說是爲上帝所眷顧，而不知爲何卻又被長久遺忘的中國這塊神聖的土地的。由於衆所周知的原因，我們長期以來把這些傳教士集體妖魔化了。這種看法當然不對，近年來也確實得到了糾正。對傳教士的歷史功過，學術界的評價和過去相比，日漸全面客觀，不再一味地批判甚至抹殺了。

這固然很可喜。但是，傳教士的情況也實在複雜。他們中的大部分人，所關心的並不僅僅限於「上帝的事業」。這也是歷史的事實。比如十九世紀中葉在北京很是活躍的俄國傳教士巴拉第（一八四九至一八五八年在華），他的興趣就遠不僅是傳播上帝的福音，可以說，他對大清皇朝的一切都充滿世俗的好奇心。他的屬下自然也是如此。和巴拉第同期在華的修士葉夫拉姆皮就是一個很好的例子，他既翻譯《列子》，又研究中國和安南的關係，還密切關注太平天國，撰寫了不少「漢學」氣息很濃的文字。此外，他還很留意清朝的經濟貨幣政策，寫了《內閣關於紙幣的奏摺》。這些都收入了巴拉第主編的一部多卷本資料彙編。

當這部資料彙編被翻譯成德文，並於一八五八年在柏林出版時，書名已是《帝俄北京公使館中國著述集》了。可見，這些作者的傳教士身分似乎已經模糊了。實在地講，這種《著述集》多少是有點收集別國情報的嫌疑的。

《內閣關於紙幣的奏摺》通過這個德文譯本，受到了博學的馬克思的注意。於是在《資本論》第一卷裡就出現了這麼一條注釋：

> 清朝户部右侍郎王茂蔭向天子上了一個奏摺，主張暗將官票寶鈔改爲可兑現的鈔票。在一八五四年四月的大臣審＊＊＊告中，他受到嚴厲申飭。他是否因此受到笞刑，不得而知。

從最後一句話看，馬克思對這件事情、這個人物的重視程度，和他僅僅用一條注釋來處理的方式，似乎很是吻合。

然而，正是由於這條短短的注釋，使得王茂蔭戴上了「《資本論》唯一提到的中國人」的炫目光環。這位清朝進士出身的侍郎，宛如一件珍稀的出土文物，幾十年來，引發了人們無窮的興趣。由於馬克思和《資本論》在中國乃至世界上的崇高地位，這種情況當然是很容易理解的。

評論者的眼光聚焦在「王茂蔭是咸豐時期發紙幣的第一個倡導者，也是鑄大錢的堅決反對者」，儘管多少是震於馬克思《資本論》的威名，卻也實在是題中應有之義。王茂蔭的貨幣理論和經濟思想也的確因此已經得到了充分研究。

我想說的卻並不是這個，而想談談時下流行的對王茂蔭的評價問題。現在評價王茂蔭用得最多的，大概是這麼三個頭銜：理財家、中國金融家始祖、徽商代言人。

黃山書社在一九九一年出版了由張新旭、張成權、殷君伯點校的《王侍郎奏議》，為研究王茂蔭提供了極大的便利，厥功甚偉。覆按之下，我以為，「理財家」的頭銜，王茂蔭應該是當之無愧的。儘管他的建議因為「以諫臨幸御園一疏積忤上意」，而「言雖切直而不獲見諸設施」（《沅陵吳大廷序》），但是他所提出的理財建議無疑是切合時用的。「中國金融家始祖」，不免就讓人心有惴惴之感了。至於「徽商代言人」，我則期期以為不然、不必。雖然大而言之現在流行「文化搭台，經濟唱戲」、「以名人促旅遊」，中而言之「徽商學」正蔚為顯學，小而言之鄉賢自當表彰；然而，稍微對中國歷史文化、對傳統士大夫的內心世界有所瞭解，就不難明白，稱進士出身位至卿貳的王茂蔭為「徽商代言人」，即便不算有揭人傷疤之意，起碼也有強人所難之嫌。在傳統中國，商人出身可不是什麼光彩的事情。王茂蔭在致曾國藩函裡，感謝曾「遠賜多金」，也只不過說：「晚家中雖已焚毀，外間尚有一茶業，舍弟輩勉強支持得來也。」須知，王茂蔭也是以百口保曾國藩的，兩人交誼絕非泛泛，尚且如此輕描淡寫。

其實，王茂蔭自有其不可抹殺的歷史地位，實在不必我們後人以虛高之言標舉。作爲歷史人物，他身上自有永恒的光輝。比如，身居高位，廉潔自守：「性恬淡，寡嗜欲，京臣三十載，恒獨處會館中，自奉儉約，粗衣糲食處之晏如」（《行狀》）。比如，發自內心的強烈的愛國主義，懷天下之遠憂：「海氛不靖，府君憤激特甚」，「肝氣上沖，心煩不寐」，「忽得恍惚之症，覺言語都不自由，問答時形乖舛」（《行狀》）。我以爲，王茂蔭以敢言直諫名重於時，而最爲難能可貴的是「前後奏疏不下十數萬言，初無驚奇可喜之論，得至事後核校之，一一如燭照龜灼，寸量而銖計」（《盱眙吳棠序》）。這種淡樸平實、不爲高論，是很罕見的品格。王茂蔭是理學修養深厚的醇儒，是身體力行「修齊治平」的名臣，他留下來的一些立身處世的格言，都保存在《行狀》裡，對於今天更是具有極其寶貴的價值。

爲了考訂《資本論》裡的“Wan Mao-In”究竟是何人，包括《資本論》的早期譯者陳啓修（他譯爲「萬卯寅」，但謹慎地存疑），著名學者侯外廬、郭沫若、吳晗在內的很多人，花費了很大的精力。直到一九三六年，郭沫若發表《〈資本論〉中的王茂蔭》，才揭開了“Wan Mao-In”之謎。學界稱之爲「王茂蔭發現史」，正可見此謎之難解。

這實在不能不說是很奇怪的事。王茂蔭「直聲清節，上自公卿，下至工賈隸圉，無智愚遐邇，嘖嘖皆讚其賢」（《沅陵吳大廷序》），姑且就算是一家私言吧；就算《清史稿》當時不易得見吧；那麼，成書在王茂蔭去世後不久的張之洞的《勸學篇》呢？這可是朝廷諭旨「廣爲刊布，實力勸導」，幾乎是十九世紀末、二十世紀初的士子必讀手冊，影響極大、傳布極廣，「不脛而遍於海內」。那麼，請看《勸學篇．內篇．同心第一》：

咸豐以來，海內大亂，次第削平，固由德澤深厚、廟算如神，亦由曾、胡、駱、左諸公，聲氣應求於數千里之內，二賀（熙齡、長齡）、陶（文毅）、林（文忠）諸公，提倡講求於二十年以前，陳（慶鏞）、袁（端敏）、呂（文節）、王（茂蔭）諸公，正言讜論於廟堂之上，有以至之。

可見，王茂蔭的名字在當時應該是士人皆知的。何以眨眼之間，一代名臣就已經淡出國人的記憶，居然到了要託「出口轉內銷」之福、兼以耗費衆多的一流學者如此之大的精力，才能被「發現」的地步？我們不禁要問：是中國近現代歷史變遷太速？還是國人忘性太大？兩相鼓盪，歷史的潮流難道眞是泥沙俱下嗎？

二○○五年十一月二十七日

歷史

俗文學．民間文藝．文化交流

——讀美國梅維恒教授的三部近著

「俗」、「民間」之類的字眼很容易使人想起「國粹」。事實卻並不如此，越是「俗」、越是「民間」的東西，往往越有舶來品的嫌疑。比如說「拉洋片」、「西洋景」應當算是既「俗」又「民間」的了吧，卻帶了一個「洋」字，露出了尾巴。在古代，與「洋」對應的詞兒是「胡」。今天我們講的「狐臭」，據當年清華國學研究院四大導師之一的陳寅恪先生考證，當作「胡臭」。「胡臭」者，洋人的氣味也。當然，不帶「洋」、「胡」之類的標籤的，也不見得是正宗國貨。從歷史上來看，我們今天用「俗」、「民間」之類詞兒來形容的諸如雜技、變戲法之類，都是來自大秦等地的「洋玩藝兒」。所以，我們研究文化交流，絕不應該忽視「俗」與「民間」的東西。

不僅不應該忽視，我們恐怕還要把著重點放在它們上面。這樣做是有其深層文化原因的。最重要的文化載體當然首推語言。在中國文化傳統中歷來有兩套語言。一套是「妾婦牛童馬走」的語言，下里巴人，不登大雅之堂，因而也傳不下來；另一套是「王公文人學士」的語言，陽春白雪，傳世不絕。而且後一套幾乎壟斷了所有的傳世文獻。不過，從後一套中我們很難看到某一特定時段的活生生的東西。我們如果想知道某一朝代的人到底怎樣講話，傳世的東西也並不見得有多麼的寶貴了。比如隋唐以前的口語，最好到佛典中去找。在當時，佛典也是「西方名著」，譯過來的漢文佛典當然也就是「漢譯西方名著」了。不過，為了爭取信徒，那時的「漢譯西方名著」倒是用了大量的「妾婦牛童馬走」的語言。今天的「漢譯西方名著」恐怕主要是給「文人學士」看的，這是一個重要區別。

光從語言入手還不夠。中國歷來講究「世家」，在某個方面有專長的人可稱「專家」。「家」著重的是某種技藝。「漢學家」是一種，傳世文獻大都是這一類的「家」的創作；使陳寅恪先生發現「狐臭」即「胡臭」的「竿木家」是另一種，這一種「家」的文化程度在古代都不會太高，大都不會寫文章，偶爾為之，也只可算「俗文學」。「家」的延續性使得某種技藝多少能保留其原來面目。「竿木家」的技藝至今仍可看見，和漢像磚、壁畫上的幾乎絲毫不差，一仍其舊。這自然也是研究文化交流的標本，而且是非常珍貴的標本。

今天看來，「變家」（這是我杜撰的一個符號）恐怕是研究中外文化交流的最佳標本了。理由很簡單，但很充分。首先，「變家」介乎「漢學家」與「竿木家」之間，有自己的文獻，雖不甚高雅，時有別字，但老天保佑，卻和「漢學家」的文獻一同保留了下來，那就是敦煌變文。其次，「變家」有自己的技藝，要畫「變相」就得有畫才；要「講變文」就得有口才，而且這種技藝據梅維恒（Victor H. Mair）教授的研究，的確是世襲的。再次，「變家」本身就是中外文化交流的產物。「變文」與佛典大有關聯，「變相」與佛畫極有關係。更重要的是，「變家」的主要任務看來是充當向大衆宣講經典的通俗演說家（今天的「演說」主要是「說」，當年的「演說」卻是重在「演」），「變文」是講稿，「變相」是幻燈錄像。

三位一體，結合得如此巧妙，大概只此一家了。

然而，中國學者至今習慣於將「變家」拆成「變文」、「變相」或「講變文」來單獨研究。重點在「文」。研究者幾乎都是中文系出身，使用的方法大體上不出傳統訓詁箋釋的範圍，目的是以這種「文」爲材料，去解決漢語史（語法、詞彙）和文學史上的一些問題。這種研究當然十分必要。但是，如果我們停留在這一點上則顯然是不夠的。我們必須而且應該借鑑外國學者的優秀成果，以求有所突破。

今年四十三歲的美國費城大學東方學教授梅維恒對一些讀者來講，也許並不陌生。他在一九八八年八月號《文史知識》（敦煌學專號）上，發表過《我與敦煌變文研究》。梅教授在這篇短文中，實際上已指出了中國變文研究的不足以及他自己的研究方法與旨趣：

我研究變文越多，便越認識到有關變文的許多爭論，都是由於有些學者不願從中國以外去探尋必要的史源，並且錯誤地理解它們在宗教和社會中所處的地位。

有關這段話的詮釋，放在下面對梅教授著作的介紹中來談。

從一九七三年起，梅教授周遊列國，遍訪各大圖書館與博物館，收集原始材料。這一階段的工作主要反映在《世俗學者及其所創作的文學：敦煌寫卷目錄》之中。這篇近一百頁的目錄發表在*Chinoperl Papers*第十期（一九八一年）。Chinoperl這個字在字典裡查不到，絕大多數英美人也不知其意。它是梅教授的同好們創造的一個新詞兒，表示「中國口述與表演文學」（Chinese Oral and Performing Literature），本身就是一個文化交流的例子。

以此爲起點和基礎，梅教授寫出了博士論文，對《伍子胥變文》、《降魔變文》、《目連變文》、《張義潮變文》進行了譯注，獲得了哈佛大學博士學位。一九八三年經修訂後，以《敦煌俗文學》爲題，由劍橋大學出版社（CUP）出版，當時他已是助教授了。本書作爲梅教授的第一本專著，顯然是以歐美通行的原典校訂、翻譯、注釋的方法，來對古代中國的「變文」進行基礎性的研究，重點自然是「文」。但是，從本書的「序」中可以清楚地看到，梅教授已表現出他的識見與眼光了。他不再像前人那樣僵硬地將自己局限於歷史時空之中。作爲另外一個文化背景下的研究者，他注意了中國學者視之爲「理所當然」而不加留心的地方，把「變」字放到了整個漢語史中來考察。通過將「變」譯成 "transformation" ，使「變文」的意義確定在「變相之文」上，從而建立起「文」與「相」的聯繫。他又拈出了「變戲法」、「變魔術」這樣的動賓結構的詞，進一步表示出，他認爲「變」可以是一種動作。這樣，梅教授在第一本書中已大體建立了「變文」——「變相」——「講變文」的總體框架。這清楚地表明了梅教授以「文」開始，但絕不會以「文」結束。

梅維恒教授把一九八八年春天稱爲「我致力於研究變文的高峰」。其實，毫不誇大地說，也是歐洲乃至世界研究變文的高峰。梅維恒教授的兩部幾乎同時發表的專著：《唐代變文：佛教對通俗小說與戲劇在中國興起的影響之研究》以及《繪畫與表演：中國的看圖講唱及其印度來源》，尤其令人矚目，無疑具有極重要的地位。這兩部書出版迄今已有近兩年了，在國外學術界產生了很大的反響。然而可能是由於語言的緣故，在中國學者中似絕少有人加以注意。

《唐代變文》一書由哈佛大學在一九八九年出版，稍晚於《繪畫與表演》。不過，在通讀兩書之後，我們會感覺到，在結構框架上，一九八八年由夏威夷大學出版的《繪畫與表演》顯然更恢宏一些，著眼也較前書高遠。所以，就梅維恒教授的研究進程而言，《唐代變文》的成稿應該稍早一些。這一點，梅教授已在《繪畫與表演》的「序」裡點明了。

《唐代變文》是一部專門性很強的綜合性著作。全書近三百頁，主體部分分爲六章。分別討論了「敦煌與寫本」（附「與四川的聯繫」）、「變文與有關類型的範圍」（附「論斷代」）、「術語『變文』的含義」、「變文的形式、格式與特徵」（附「論印度前提」）、「表演者、書寫者、抄手」、「變文表演存在的證據」。書後附有詳盡的注釋及豐富的書目文獻。第二百七十五至二百七十八頁是「未見論著」，體現了梅維恒教授嚴謹的治學態度。特別需要點出的是，各章後的附論雖然篇幅不大，但勝義紛陳，表明了作者將要進行的研究工作的要點，也就是《繪畫與表演》一書的要點。

本書在梅維恒教授的研究體系中，處在承上啓下的位置。歐美學者往往有題獻詞的習慣，中國讀者一般都不太留意，這些獻詞往往都體現出作者的旨趣與方法。在《唐代變文》的扉頁上，梅維恒教授寫道：“À la mémoirede Paul Pelliot, sinologue hors pair”（「紀念無與倫比的漢學家保羅・伯希和」）。伯希和的名字對中國讀者來講並不陌生。他生前多次到中國探寶，驚人的語言天才使他在亞洲學及文化交流史研究的各個領域中，都取得了輝煌的成就。馮承鈞先生譯介了他的許多名著，已故的著名蒙元史專家邵循正、韓儒林教授都是伯希和的傳人。這條題詞清楚地表明梅維恒教授服膺並追循法國的漢學傳統。這一傳統習慣於將漢學納入中印、中伊交流之中來考察，「漢學」也不再是「中國學」，而是有關以漢字爲主要文化載體的亞洲各國的學問；「印度」、「伊朗」的概念都與今天的政治性地域概念不同。梅維恒教授追循這一傳統而展開的研究，必定具有比我國傳統所包含的治學研究更爲廣大的參照系（frame of reference）。事實也正是如此。梅教授的研究以中國爲出發點，但絕不局限於中國。《唐代變文》提出了「變文表演」存在的證據，從而突破了「俗文學」的範疇，進入了「民間文藝」的領域。這一步是非常關鍵的。上面談到的兩本書，研究範圍並沒有突破變文本身。「變文」所蘊含的文化及文化交流的意義，尚未得以系統地研究與闡述。我想，梅維恒教授之所以這麼去做，大概是因爲他想將「變文」及其有關者與文化交流的研究作爲一個相對獨立的課題。

我們要重點加以評述的《繪畫與表演》代表了俗文學・民間文藝・文化交流序列中最重要的部分，該書出版後，得到了學界的一致好評。

作者在扉頁上引用了法國著名學者烈維（Sylvain Lévi）的一段名言。由於馮承鈞先生的譯介，烈維的名字對中國讀者來說應該是不陌生的。值得注意的是，梅維恒教授從法布里（C. L. Fabri）的名著《美索不達米亞和早期印度藝術》（*Mesopotamia and Early Indian Art*）中，引用了這一段話。如果將這段題詞與本書的副標題「中國的看圖講唱及其印度起源」結合起來考慮，我們可以看到，梅維恒教授的目的在於將「變家」納入更廣闊的背景中，進行動態的考察。極少數的幾位中國學者的確也這麼試圖去做過，但無徵不信，他們的意見並未受到重視。眞正從中國以外找出「變家」的源頭及其在全世界的傳播線索，並將此作爲文化交流的一個有趣現象來加以考慮的，梅維恒先生是當之無愧的第一人。本書的成功之處，大概也就是在這裡。

梅維恒先生首先將眼光放在佛教的發源地印度。印度早在孔雀王朝就有了關於「演員」（梵文śaubhika）的記載。由於印度本身缺乏信史的文化傳統，語言學一直是研究印度學

（Indology）的主要方法之一。梅維恒教授也是從此入手，討論了極爲重要的śaubhika一字，他的結論大致上與本世紀最偉大的梵學家呂德斯Heinrich Lüders的相同。śaubhika是一種藝人，運用魔術與圖片在洞窟中進行表演，有時充當密探的角色。梅維恒教授注意到了《說岳全傳》裡的「苦人兒」王佐，他也是利用畫像來講述一個故事——運用了「變家」的手法，並繼承śaubhika的傳統，也扮演了密探的角色。除śaubhika一字外，梅維恒教授還討論了其他幾個有關的詞彙。經過梅教授的廣徵博引，沒有人會對在梵文文獻中見到saṃsāra-cakra-paṭa（正可譯成「輪轉變一鋪」）這樣冥冥之中若有巧合的術語而感到奇怪了。

從一切方面看來，印度完全有可能是「變家」的濫觴地。可是，它是怎樣來到中國的呢？這裡就不可避免地牽涉到了傳播問題。根據我國著名學者季羨林教授的最新研究成果，中亞是早期中印文化交流的必經之路與媒介地區（亦稱「接榫處」）。這種交流的大致模式是：印度→大夏（大月氏）或中亞新疆小國→中國。現在，沒有人會認爲中印之間在早期曾有過直接的交流。考以文化交流的一般情況，兩種或兩種以上的不同文化的交會（或稱「涵化」，法文acculation），總是在媒介地區或接榫處實現，涵化後的新形式也往往出現於此。梅維恒教授顯然非常重視中亞地區。國內很少有人注意到，在古代中亞，戲劇表演曾經繁榮一時。二十世紀初，歐洲探險隊曾在這一地區發現過馬鳴（Aśvaghoṣa）的劇本殘片，後來由上面提到的呂德斯在一九一一年校訂出版；七十年代，又出土了吐火羅語A（焉耆語）的《彌勒會見記劇本》

（*Maitrey-asamitināṭaka*），該劇本長達數十幕，與印度、中國的戲劇在形式上均有所不同，表現出明顯的「接榫特徵」。這個劇本還被譯成了回鶻文。由此可知各種各樣的表演形式之間有著十分頻繁的交流。梅維恒先生拈出了回鶻文術語Kōrkin Kōrtkürü（據梅教授的翻譯，爲「使神秘現象的具體化被人看見」），方法仍是語言學的。梅維恒教授還仔細探討了中亞殘存戲劇中某些與「變家」非常相似的表達方法，從而確定了中亞在中印之間的「變家」傳播中所扮演的重要角色。這個論斷無疑是符合歷史事實的。

中國與外來文化相互交流的通道隨著年代的早晚，也先後有相應的兩條。一條是以陸路爲主的中亞通道，亦稱「絲綢之路」；一條是以海路爲主的東南亞通道，近來有人稱之爲「海上絲綢之路」。不過，除了有限的幾個碑銘之外，幾乎沒有確實可信的有關東南亞古代史的記載，這和印度的情況頗爲相似。但是，東南亞的民間藝術名聞遐邇，尤其是印度尼西亞，堪稱是民間藝術的博物館。梅教授在充分研究了中亞地區之後，馬上把目光集中到了印度尼西亞，思路非常清晰。通過對表演手法等方面的詳盡考察，我們有足夠的理由確信，就像「變家」一樣，印度尼西亞的形形色色的哇揚戲（Wayang）表演也是承śaubhika遺緒的。與「變家」不同的是，哇揚戲至今不衰，而且保存了不少的原始面目。哇揚戲在東南亞文化史中有著非常重要的地位，這不僅因爲它是一種古老的藝術，甚至也不僅因爲它是文化交流的產物，哇揚戲實際上是東南亞文化史不同時期的分水嶺之一。根據D·G·E·霍爾的名著《東南亞史》，曾有人（比如克羅姆）在戈岱司舉出的印尼東南亞本土文化的五種標誌之外，又加上了哇揚戲、「卡美蘭」（gamelan）與「蠟染法」（batik）。這八種文化現象被看作是印度影響到來之前，也就是說，所謂的「印度化國家」（indianized countries）出現之前的東南亞本土文明的產物。現在看來，這種說法不太合適。由於梅維恒教授的出色研究，至少皮影戲及傀儡戲——這些與「變家」都有同源關係——等民間藝術，也不會是土生土長的。在印度尼西亞，這種民間藝術發展進程中的每種形式，大致上都或多或少地留存了下來。這就給梅維恒教授提出電影與這些民間藝術形式「本是同根生」的說法，提供了許多化石樣本。

其實，「變家」這種民間文藝形式在中國也改頭換面地傳了下來。上面提到的「西洋景」、「拉洋片」者就是。不過，它們的直接來源是歐美而不是印度、中亞。這充分體現了文化交流的複雜性。這一類的民間文藝形式以印度爲起點，在漫長的時間裡早已傳遍了全世界許多國家與地區。限於實際情況，國內學者對這麼大範圍的文化交流，實在是缺乏必要的研究條件。我們所談的文化交流，往往缺乏宏大的背景，從而影響了我們對「文化交流」這一通俗易懂的詞所包含的眞實內容的深刻理解。

梅維恒教授根據自己的見聞，又研究了印度近現代的各種有關的文藝形式，並以世界爲背景進行了考察。從這一研究中，我們瞭解到，不僅中國有「變」、「寶卷」和「拉洋片」，而且世界上許多地方也有類似的東西，都直接或間接地起源於印度這個神秘的國度。

梅維恒教授的這三部著作，尤其是《繪畫與表演》（此書中譯本尚待出版），應該能給中國學界許多啓迪，用更廣闊、更深刻的眼光來看待俗文學・民間文藝・文化交流的錯綜複雜的關係，恐怕就是許多啓迪中最重要的一個。

附記：梅維恒教授三部著作如下：

(1)*Tun-huang Popular Narratives* (Cambridge Studies in Chinese History, Literature and Institutions), 329pp., 8 plates. Cambridge University Press, 1983; (2)*T'ang Transformation Texts: A Study of the Buddhist Contribution to the Rise of Vernacular Fiction and Drama in China*,(Harvard-Yenching Institute Monograph Series 28), Harvard University Press, 1988; (3)*Painting and Performance: Chinese Picture Recitation and Its Indian Genesis*, University of Hawaii Press, 1988.

原載《讀書》一九九〇年第八期

怛邏斯之戰

發生在公元七五一年的怛邏斯之戰，不僅在戰爭史上占有地位，而且對於中國文化尤其是造紙術的西傳，具有極其重要的意義。

這場著名戰爭的重要性當然還體現在其他許多方面。如：這是中外史上都有明確記載的一次戰爭；是歷史上中國和大食（唐代以此作爲阿拉伯國家的名稱）唯一的大規模的而又是以中國唐朝軍隊失敗告終的軍事行動；是中國唐朝政府在西域統治史中的一個極其重要的插曲；它又使得杜環有機會以一個戰俘的「身分」，遊歷八世紀中葉的伊斯蘭世界，而寫出《經行記》這樣的重要著作，等等。

爲了能更清楚地瞭解怛邏斯之戰爆發的背景，有必要追溯一下唐朝與大食之間的關係。

唐朝與大食的接觸是伴隨著衝突而開始的。起初的衝突只是名義上的，根本沒有形成眞正的軍事行動。大食東進的軍隊在六五一年納哈萬德（即今伊朗西北境，哈馬丹西南之納哈文德）之戰中，擊敗了波斯薩珊王朝，翌年，薩珊王朝滅亡了。而薩珊王朝的一個王子叫泥涅師的來到了長安。在他的請求下，調露元年（六七九）唐高宗任命裴行儉為「安撫大食使」，率軍隊護送泥涅師回去復國。這次行動最終是不了了之，但說明唐與大食已有了間接的衝突。

到唐開元年間，唐和大食之間的矛盾日益尖銳。《資治通鑒》卷二一一記載著開元三年（七一五）唐朝與大食的第一次兵戎相見，起因是由於大食與吐蕃共立阿了達為拔汗那（注：即古烏孫，今蘇聯中亞之費爾干納地方）王並出兵攻掠。拔汗那王向安西求救。為了控制西域各國，阻止大食勢力繼續東漸，都護李休景聽從張孝嵩的意見，將兵「萬餘人」，「出龜茲西數千里」進攻大食軍隊，「下數百城……屠其三城，斬俘千餘級，阿了達與數騎逃入山谷……威振西域。大食、康居、大宛、罽賓等八國皆遣使請降」，取得了巨大勝利。

唐和大食的第二次戰爭，據《資治通鑒》記載是起因於突騎施勾引大食兵馬進攻安西四鎮，史籍沒有誰勝誰負的記載。

天寶六年（七四七），西域副都護高仙芝進攻大勃律，雖然史乘中沒有完全證明大食軍隊介入的資料，可是史學界認為這是唐與大食之間的第三次軍事衝突。《新唐書·大勃律傳》有記載曰：「大食諸國皆震恐。」

第四次刀兵相向就是怛邏斯（Talas）之戰了。怛邏斯，據《西域地名》記載，自古以來有一水、一城皆以之名。「……水名至今未變，其城即中亞阿薩克斯坦之奧利阿塔，今名之為江布爾城。」羽田亨在《西域文化史》中認爲，怛邏斯之戰發生在怛邏斯河畔，而白壽彝先生在《中國伊斯蘭史存稿》中認爲，此戰戰場在怛邏斯城，後者的意見在中國古籍中可以得到印證，較爲可信。

怛邏斯之戰的起因據中文史料的記載，是由於康姓九國之一的石國（即塔什干）國王「無藩臣禮」，高仙芝獲准帶兵征伐，石國國王不敵而降，本來事至如此，大唐的面子也可掙回了，罷兵當上策，可高仙芝「悉殺其老弱……性貪，掠得瑟瑟十餘斛，黃金五六橐駝，其餘名馬雜貨稱是，皆入其家」（見《資治通鑑》）。石國國王也被砍了頭。

高仙芝的暴戾貪婪和殺了石國國王，就給石國的一個脫身逃出的王子提供了藉口。《唐書．高仙芝傳》說：「其王子走大食乞兵，攻仙芝於怛邏斯城，以直其冤。」

此時的唐朝對大食已有所瞭解，所以高仙芝聽到大食出兵的消息後，就親率軍隊數萬人迎擊。

至於軍隊的人數，西域都護總轄漢族軍士從未超過三萬，或超出點也有限，除了留守之外，能出戰的恐僅有二萬餘人，加上高仙芝徵調的西域各國的「胡兵」，也不大可能有杜佑《通典．邊防類總序》中所記的七萬之多，但也不可能像《新唐書．李嗣業傳》、《舊唐書．李嗣業傳》所記的二萬人之少，想來漢胡軍隊加起來，大致總會有三四萬的。大食方面的軍隊也包括了西域某些國家的軍士，人數雖無明確記載，但從戰鬥規模來看，恐不會少於唐軍。

戰爭一開始，久經沙場，稱爲常勝將軍的高仙芝就犯了遠離據點、在很難保證給養的情況下冒進千餘里的兵家大忌。正如《舊唐書．李嗣業傳》所載李嗣業對高仙芝說的那樣：「將軍深入胡地，後絕援兵。」

唐與大食兩軍相遇在怛邏斯城，戰鬥空前激烈和殘酷。在戰鬥的關鍵時刻，相隨唐軍遠征的葛邏祿部反叛，和大食夾擊唐軍。唐軍腹背受敵，乃大亂，爭相奔走，大食軍乘勢追殺，唐軍慘敗。高仙芝也只是靠了右威衛將軍李嗣業擊殺和唐軍一同遠征的拔汗那部堵住逃路的士兵，才得以幸免。數萬唐軍只剩下數千人，二萬餘人被大食俘虜。

奇怪的是，這場唐朝損失慘重的戰爭好像並沒有使唐朝和大食結下什麼不解之冤。不僅大食商人在戰後經商沒有受到什麼影響，而且至德二年（七五七），大食還應唐朝的要求，派兵隨西域各國軍隊一起幫助平定安祿山的叛亂。

這場戰爭不僅證明了戰爭理論上的一些準則，還極爲有力地證明了這麼一條眞理：當武力強大的民族和國家用武力戰勝或征服了文明較高的民族和國家，它必定反過來要爲被征服國家的文明所征服。

中國文明通過二萬多戰俘，極有力地向西方傳播，當然大食以及西方的情況也隨某些戰俘的回國，而得以傳入中國。如怛邏斯之戰中被俘的杜環回國後就撰寫了《經行記》，詳細記錄了當時的伊斯蘭世界。這部著作已佚，可是從別的史籍對它的引用中，我們不難看出它的價值。

在和這場戰爭關係較密切的西傳的文化事業中，造紙術無疑是最重要的。著名東方學家季羨林先生在《中印文化關係史論文集》中指出：「中國造紙術的西傳就和這次戰役有關。」「根據阿拉伯方面的記載，在被俘的中國士兵裡面有造紙工人」，「這些造紙工人把自己的技術傳給阿拉伯人，從撒馬爾罕向外傳播，隨著阿拉伯勢力的擴張，越傳越遠，傳到報達，傳到達馬司庫斯，傳到開羅，傳到摩洛哥，終於傳遍全歐洲，傳遍全世界。」

造紙術的西傳在世界文明史上是一座光輝奪目的界標，如果從這個人類文化交流的角度去考慮，怛邏斯之戰是否有更加重要的意義呢？文化的傳播在古代雖然常常是伴著劍與火的，可是前者難道不是比劍與火與血更有意義嗎？

原載《東方世界》一九八七年第三期

出入世間：宗教與商人

馬克斯·韋伯（M. Weber）的理論，尤其是有關新教倫理與資本主義精神的學說，姍姍來遲地傳入大陸之後，馬上被正苦於找不到新理論、新方法的學人們視若瑰寶，當作可以用來攻己山之玉的他山利石。可是，由於大陸學界與國際學界隔絕太久，在短時期內，雖然可以接納某個人的學說，卻實在無法對此人的學說形成體系的來龍去脈、在國際學界所遭受的評判及由此凸顯出來的短長進行理智的探究。就拿韋伯來說，大陸學界主要是拿他的兩部名著來做寶典，卻似乎並不太明瞭，就新教倫理與資本主義這一論題而言，韋伯固然是開山者，但該學說眞正確立起來的標誌卻要推恩斯特·屈魯茨（Ernst Troeltsch）《基督教會的社會教義》（*The Social Teaching of the Christian Churches*）的出版，此後，該學說也就相應地被稱爲「韋伯－屈魯茨理論」（the Weber-Troeltsch Theory）了，更談不上全面考察與此相左的意見了。另一方面，近十年來，大陸學界固有的浮躁與急功近利的潮流，淹沒了作爲史學研究所必需的史料爬梳及系統化整理的工作。於是，儘管引入了韋伯學說，卻並沒有真正找到與中國固有歷史資料的接榫點。這個領域內的研究雖然有了生氣，但一直沒能形成新的氣象。

余英時先生的《中國近世宗教倫理與商人精神》正是新氣象形成的標誌。作者固然是運用了韋伯的學說，但同時也意識到了由於韋伯缺乏對中國歷史的足夠知識，因此他的理論絕不可能完全適用於中國的歷史事實，事實上，正如余先生所云：「其理論的投射力應該是非常有限的」，其投射力之所以越來越大，「當然是來自韋伯的『理想型』（ideal-type）的研究法」（第六十二頁）。作者撰寫此書，在某種意義上是在消除韋伯學說中的模糊之處，糾正其對中國歷史的有些是相當嚴重的誤解，用自己的深入研究來修正韋伯的「理想型」。可以說，這種入室操戈的大智慧，首先就保證了本書在方法論上的突破。

余先生顯然是從兩個重要的歷史事實出發的：「第一是中唐以來宗教的入世轉向；第二是十六世紀以來商業的重大發展。」（第六十四頁）作者所關心的中心問題是，儒道釋三教的倫理觀念是否對明清的商業發展起過推動的作用？切入的角度則取在分析禪宗、新道教和新儒家的入世倫理及其對社會的影響。在運用大量史料分析了新禪宗、新道教及新儒家的入世轉向後，作者重點分析了明清商人的主觀世界以及傳統「四民」觀的變遷。我想，這項研究已經覆蓋了第二次西學東漸的整個歷史進程及其中心問題，而且事實上建立了一種「理想型」。

不過，這裡有一個疑問，即本書上篇第一節的第一句話：「原始的印度佛教本是一種極端出世型的宗教，把『此世』看成絕對負面而予以捨棄」（第十六頁），這顯然是作者全書的出發點。以此爲前提，作者認爲從出世轉向入世是佛教中國化，尤其是新禪宗形成之後才出現的，這不僅順理成章，就中國佛教史而言，也是符合歷史事實的。但是，我不禁想問，無論中國化程度多大，中國佛教之所以是佛教，它與印度佛教的相同性肯定要大於相異性。如果在印度佛教中沒有入世的觀念，與商人毫無關係，那麼由此發展而來的中國佛教，又何以有得與入世及商人等外界因素接榫的內在契機呢？事實上，考諸印度佛教的歷史，其出世傾向並不像它所宣稱的那樣絕對。更有趣味的是，這種入世傾向恰恰是通過其與商人的特殊關係表露出來的。

印度佛教的主要基礎是四大種姓中的刹帝利與吠舍，而古代印度的商人不逸出於此兩種種姓之外。商人與佛教徒同屬於沙門思想體系。根據印度傑出歷史學家高善必（D. D. Kosambi）的研究，在婆羅門歧視之下，印度商人受了幾千年的壓抑。在意識形態上，商人與佛教徒有許多共同處，比如「不殺生」（ahi ṃ sā）、「轉輪聖王」（cakravartin）、「業」（karman）等觀念，正反映了兩者共同的需要。商人一直是佛教的主要施主。遺憾的是，季羨林先生的長篇論文《商人與佛教》（刊於《第十六屆國際歷史科學大會中國學者論文集》，中華書局一九八五年七月）與余著幾乎同時面世，余先生顯然沒能看到。

季羨林先生在文中引用了大量佛典，特別是比較可靠的律典資料，全面論述了佛教與商人的關係。根據《普曜經．商人奉麨品》及《方廣大莊嚴經．商人蒙記品》，釋迦牟尼剛成佛，前來奉獻食品的正是兩個商人。似乎相同的記載，還見於《過去現在因果經》、《佛所行贊》、《佛本行經》、《中本起經》、《五分律》、《四分律》、《根本說一切有部毗奈耶破僧事》、《善見律毗婆沙》等，而且皆與梵文本Lalita Vistara吻合。佛教史上最著名的事情之一，就是有一位給孤獨長者布金滿地購買了逝多花園贈予佛陀，而「長者」梵文作śreṣṭhin（或g ṛ hapati），巴利文作setthi（或gahapati），其本來含義是「行會首領」。佛教徒不僅與商人來往密切、結伴旅行，還瞞天過海，幫助商人偷稅漏稅。《四分律》卷五十五有：「時有比丘與賣縱人共行。彼語比丘言：『長老！汝等度關不輸稅。今欲以此縱託長老度關。』時比丘即爲過之。」又《鼻奈耶》卷一「彼處近關。商人來到，語比丘：『與上人少物，令我得過關。此物與上人半。』」律典有關記載，比比皆是。後來律典中儘管禁止此種行徑，但事實上並不可能杜絕。有些規定，甚至讓人啼笑皆非。《摩訶僧祇律》甚至規定，如果比丘與商人同行，大便時應在下道，勿在上風熏人。「縱氣」時也應如此，同書卷三十五：「若共賈客道行，不得在前縱氣。若氣來不可忍者，當下道在下風放之。」佛典中更有許多條例禁止和尚捉金銀，做買賣，與商人爭利。那麼，佛陀將首轉法輪的地點選在商路交叉處的波羅奈附近的鹿野苑，也就完全可以理解了。佛教的傳播路線，基本上完全是沿著商路的。

佛教傳入中國就是沿著中亞商路而行的，最早入華的僧侶，多是中亞諸胡之人，而中亞胡人尤以善於經商知名。在佛教入華過程中，商人所起的作用實在不可低估。佛教的產生、發展與傳播從未與商人及其商業行爲擺脫干係。

由此而下，我們自然不應忽略元代。這不僅因爲元代緊接在余英時教授重點研究的明清二代之前，甚至也不僅因爲新道教的重要派別在元代形成並傳布，主要的是有元一代，宗教與商人的關係更爲複雜而多彩。我細讀余著，卻發現作者對元代沒有發表系統的評述。有元一代，胡商的地位明顯凸顯，在宗教傳播與商業活動中比以往任何時候都要活躍。這自然不僅在佛教方面，正如陳垣先生所指明的那樣，回教勢力傳播的原因，首推商人的遠征（《陳垣學術論文集．回回教入中國史略》）。元代中國南部沿海的幾大城市如泉州、廣州中，回教影響驟然增加，南洋諸國也逐漸由佛教轉向回教。現存的碑刻資料表明，胡商不僅與商業，而且與儒家倫理亦有牽涉。我想，如果有人就此問題進行探究，無疑會爲余先生的論斷提供有益的證明。

余先生爲了徹底澄清韋伯關於中國宗教的錯誤論點，「廣引新教倫理與中國宗教相比較」（第六十九頁）。儘管作者說這樣做是出於不得已，但是，這種比較顯然是極爲成功與卓有成效的。如果我們再選擇一個比較對象，那日本顯然是最合適不過的了。在「自序」中，作者曾指出「日本史學界在明清社會經濟史研究上的貢獻至少有同等的重要性。事實上，日本史學界在這一方面是領先一步的」（第五十九頁），但是，作者並沒有將日本納入這個課題之中，而是大量徵引日本學者的研究成果。不能不說，這是本書留給我們的一個遺憾，同時也留下了一塊園地。

中日之間的交流早期是通過移民來進行的，儘管早期的交流史蒙昧不清，連徐福東渡的傳說，也是形成於日本而反饋回中國，通過《義楚六帖》而得以傳播的。到公元八世紀，由《養老令》、《古事記》、《日本書紀》、《懷鳳藻》等日籍大量徵引漢典可以看出，中日間的文化交流已切實存在了。嚴紹璗先生在《漢籍在日本的流布研究》（江蘇古籍出版社，一九九二年六月）一書中，認爲平安時代的傳播是由貴族知識分子爲主體的。因爲僧人主要是攜回內典，中國文獻是微乎其微的。然而到了五山時代，禪宗僧侶成了傳播的載體。這一時代由禪宗僧侶主宰的文化中，「儒學」所占的成分已經相當之大了。五山僧侶已不再排斥儒學，而且認爲「於道不爲無助，雖讀外書亦可也」（義堂周信《空華集・演宗教主詩序》）。更爲重要的是，在日本最早開設宋學講筵的，正是禪僧玄惠法印。一條兼良《尺素往來》云：「近代獨清軒玄惠法印，宋朝濂洛之義爲正，開講席於朝廷以來，程朱二公之新釋，可爲肝心候也。」大量的宋學著作如《晦庵集注孟子》、《晦庵大學》、《晦庵中庸或問》、《晦庵大學或問》，均由禪僧傳入日本（《普門院經論章疏語錄儒書等目錄》）。降至江戶時代，商人又替代了僧人。整個歷史進程大致比中國晚三百年左右。日本今天的商業發展與商人倫理自然不能與這段歷史無涉。

依循余英時先生的啓引，我們大可將中日兩國的情況做一比較，想來應該有所發現的吧。

原載《讀書》一九九三年第三期

神秘的千年古城樓蘭

樓蘭是我國西部舉世聞名的古城。它坐落在羅布泊畔，地處絲綢之路，在塔里木盆地最東端的交會點，地理位置極其重要。在樓蘭這片神秘的土地上所發生的故事、存在過的燦爛文明，樓蘭古城的興衰以及在一九○一年重見天日的故事，一直吸引著人們。

樓蘭在《漢書》中有所記載。公元前七七年（西漢元鳳四年）傅介子刺殺叛漢的樓蘭王，更立其弟尉屠耆爲王，改樓蘭爲鄯善。兩個名字實際上都表示整個羅布泊地區。約兩個世紀後，「樓蘭」一名再度出現，也還是羅布泊地區的稱號。所以說，樓蘭、鄯善是一個以羅布泊爲中心的特殊地理區域。

在古代羅布泊地區先後有屬於兩種不同類型的居民，而樓蘭亦即鄯善文化時期的居民是其中的重要類型：長狹顱，高狹面，中等高眶形。他們兼營畜牧漁獵，過著一種半遊牧的生活。

樓蘭所處的地理位置，加上到其神秘消亡之前的近三百年裡沒有遭遇大的變故，決定了它的文化必定是中西文化交融的產物。

一九〇六年，斯坦因就在樓蘭遺址發現了一捆絲綢，這是現代人第一次看到從中國遠銷到古代西方的絲綢產品的實際樣式。

樓蘭所使用的語言也充分說明了這一點。由於樓蘭「最近漢」，內地政府的管轄基本上也一直行之有效，所以漢文爲上層人物所使用。土著則有自己的語言，但沒有文字，於是爲了躲避戰爭逃亡而來的貴霜人就將佉盧文——公元前三世紀以後流行於西北印度、阿富汗一帶的文字，帶給了與他們同種族的樓蘭人。完全可以肯定，佉盧文在三至四世紀也是樓蘭的官方語言。樓蘭甚至出現了一種「佉盧文文化」。樓蘭流行的文字還不止這兩種，出土的還有粟特文、梵文、突厥如尼文、藏文等。

斯坦因在樓蘭發掘出大量的藝術品，特別是木雕和壁畫，帶有明顯的西方色彩。最著名的就是有翼天使了。斯坦因發現它們時，爲在遠離海洋的亞洲腹地荒涼寂寞的羅布泊，竟然存在著具有如此濃郁的西方古典風格的藝術品而目瞪口呆：「完全睜開的大眼靈活的注視，小小微斂的唇部的表情，把我的心情引回埃及、托勒密同羅馬木乃伊墓中所得畫板上繪的希臘少女以及青年美麗的頭部上去了。」這種天使像一共發現了七個。

當然，樓蘭本地的文化不可能不受到漢文化的有力影響。當地出土的雕塑作品就和壁畫不同，奇異地顯示出漢地的風格。

樓蘭的文化一度非常燦爛奪目，當然是非常迷人的。但是，相比之下，樓蘭的突然消亡就是一個更大的謎了。距今一千六百餘年前，樓蘭正處在它的鼎盛時期，它所依託的絲綢之路也是十分繁榮，實在沒有消亡的預兆。那麼，是什麼原因使樓蘭這顆西陲明珠突然失色了呢？學術界尚未找到公認的答案。一般認為，原因主要是當地的自然環境發生了意料不到的突然變化，供水不足，迫使樓蘭人只能背井離鄉，遠走他方。至於當時政府在公元四世紀暫時停止對西域的控制，與上面這個原因相比，就不那麼重要了。

能不憶敦煌

敦煌地處甘肅省河西走廊最西端，在古代是中原進入西域的咽喉，絲綢之路通過敦煌西行。衝要的地理位置，使敦煌成了一個在中國歷史和中外文化交流史上都非常響亮的名字。

早在戰國時期，敦煌就見於記載了。當時在河西走廊居住的主要是月氏人。秦漢之際，河西走廊西部又歸匈奴統治。漢武帝派名將霍去病擊破匈奴，奪取河西走廊，於元狩二年（公元前一二一年）設立武威、酒泉二郡。敦煌歸酒泉。公元前一一一年，分二郡之地，增設敦煌、張掖二郡。同時，將長城修築到敦煌以西，並在敦煌郡城西設立著名的玉門關、陽關。此後，敦煌農業有較快發展，中原漢族又不斷遷入。西漢末，中原大亂，許多中原大族西遷，帶來了中原的文化和技術。敦煌逐漸成了漢政府統治西域的重鎮。

公元二二七至二三三年，倉慈任敦煌太守，敦煌成爲各民族交往貿易的國際都會。魏晉南北朝中原大亂，隨著大量移民的遷入，敦煌的文化水平有了長足的提高。十六國時期（公元三〇四至四三九年），敦煌先後屬於前涼、前秦、後涼、西涼、北涼。這些王朝都非常尊重有知識的人，敦煌湧現出一大批學者，漢文化水平很高。

文化水平的提高為敦煌接受外來文化準備了基礎。佛教、道教，甚至伊朗的拜火教都在敦煌傳播發展。舉世聞名的敦煌石窟就在公元四世紀中葉開鑿。

隋唐時期，敦煌更是絲綢之路上一個典型的國際商業文化都會。各種各樣的民族、宗教、文化在此和平共處，共同繁榮。石窟的開鑿也達到了高潮。

宋朝開始，特別是偏安東南的南宋以後，海上絲綢之路逐漸超越並取代了陸上絲綢之路，元朝又主要利用北方草原之路，敦煌漸漸衰弱下來了。明朝以嘉峪關為界，敦煌竟然成了邊外蠻荒之地，徹底失去了往日的輝煌。

但是，無論是從藝術、宗教、文學、歷史的哪一個角度來看，敦煌都是一個取之不盡的名副其實的寶庫。

除了現存的數百個石窟裡精美絕倫的壁畫和雕塑，敦煌最受世人關注的寶藏，就是一九〇〇年六月二十二日（光緒二十六年庚子五月二十六日），由一個愚昧無知的王道士偶爾發現的藏經洞了。

藏經洞封閉於一〇〇二年，裡面封藏了原本屬於三界寺的古代珍貴文獻，數量論千上萬。內容幾乎是無所不包，文字有漢文、藏文、梵文、粟特文、于闐文、回鶻文等等。其中還有大量的無比精美的藝術品。這些都是瞭解、研究古代中國和中外文化交流史、宗教史、藝術史、語言史的頂級的第一手資料。這個發現是中國近代學術史上的四大發現之一，或者說是四大發現之首，造就了當今的國際顯學「敦煌學」。然而，這更是一段令中國人扼腕痛心的傷心史。

令人無比憤怒的是，由於當時的清朝政府軟弱，根本沒有及時意識到敦煌寶藏不可替代的價值，也根本沒有能力來加以保護。斯坦因、伯希和等西方「探險家」在中國如入無人之境，以匪夷所思的一點點銀子，從王道士手中「買」下了敦煌藏經洞所藏古代經卷的最精華部分，將它們盜運到國外，如今它們被分藏在好幾家著名的圖書館和博物館裡。

活潑潑的歷史實相

嘗一臠而知鼎味，窺一毛而悟佛法，對於我來講，實在是過於高妙玄遠了。如果說，從一個人的畢生經歷可以看出他所處時代的跌宕波折，我就會覺得親切踏實得多。這也正是我酷愛閱讀真實可靠的傳記類文字的原因，而且，我相信，和我有同好的人絕不在少數。

最近看到的《啓功口述歷史》就是一本非常可喜的傳記類書籍。就外在而言，開本闊朗，印刷講究；收錄的啓功先生祖輩、師友以及啓功先生本人的書畫都十分精妙，一般的「圖文並茂」是絕不能描摹的。若論內在，就更是精彩紛呈了。這應該是啓功先生親自就其傳奇一生所做的最完備的敘述了，記錄整理者一是追隨先生近三十年的趙仁教授，一是照顧先生晚年生活的內侄章景懷先生，記錄之翔實可靠，自在意中。總之，這是一本內實外美、不可多得的好書。我是愛不釋手，反覆讀了幾遍的，這在近日的我，實在是不多見了。

趙仁教授「後記」裡說：「啓先生的身分雖有他的特殊性，但他的人格魅力卻可以代表中國很多知識分子的品格特徵：正直、務實、寬容、謙遜、聰慧、睿智；富於同情心，知恩圖報；富於責任感，忠於事業；富於愛心，會接受別人的愛，也會愛別人；充滿感情色彩，能以性情之心去對待周圍的一切；不乏理性色彩，能以達觀的心態待人處世；有自知之明，能以謙和的態度看待自己的成績。這些美德也能從他的回顧中流露出來，給人以啓迪。」凡是讀過這本書的人，無疑都會同意這段話的。

趙教授的另一段話更是精當：「啓先生一生的經歷並不是一個『個體』的經歷，它折射了現當代很多歷史的痕跡；如果推及他的家族，還能再現晚清以至近代史的很多片段，他的一生本身就是一部很好的歷史教材。」

我非常認同這段話，因爲我在《啓功口述歷史》裡，感悟到了活潑潑的歷史。這種感悟彷彿給歷史灌注了生命，使得歷史活生生地動了起來。我必須說，若要論閱讀的快樂，這是至妙佳境了。我在這裡，始舉幾例。

啓功先生是雍正皇帝的九代孫。八世祖就是乾隆皇帝弘歷的弟弟，後封和親王的弘晝。弘晝在《清史稿》有傳，說他「少驕抗」、「性復侈奢」、「好言喪禮」、「嘗手訂喪儀，坐庭際，使家人祭奠哀泣，岸然飲啖以爲樂」。舉止很是奇怪，與常人迥異。啓功先生不僅很客觀地以自己在家族裡的所聞證實了這些記載，還揭示了文字記載有意抹殺或迴避的眞實歷史。原來按照清制，某后妃生了孩子，必須交給另外的后妃撫養，也就是說，生母不得撫養親生的兒子。這本是防範母子關係過於親密以至有所圖謀，甚至覬覦皇位的皇家措施。弘晝恰恰是乾隆的生母撫養大的。乾隆即位，生母自然尊爲皇太后，而這位皇太后對弘晝的感情卻遠遠超過了對自己親生兒子的感情，處處偏袒自己養育大的和親王弘晝。弘晝仗著太后的寵愛，再加上他和乾隆出生又僅差了說不清道不明的一個時辰，於是驕橫異常。清朝太后地位極高，甚至有廢立之權。這就更使得太后、乾隆、和親王弘晝三人之間的關係，變得匪夷所思地錯綜複雜了。太后以天下養，乾隆表面上對自己的生母極其孝順，當然也只有對太后寵愛的弟弟曲與優容，其實內心怨恨極深，處處防範自己的母親和弟弟，害怕這兩人有接近而可圖謀自己的機會，所以無論到哪裡，即使是打獵習武時，也要將太后帶在身邊。清史記載乾隆純孝，成功地瞞住了很多的歷史學家。自然，這是瞞不了和親王的後代啓功先生的。因爲，這段皇家事畢竟也曾經是他的家事啊。

嘉慶皇帝只不過是乾隆的第十五子，從他即位後的所作所爲來看，除了扳倒和珅還略顯勇於決斷，此外好像也乏善可陳。雄才大略的乾隆怎麼就選擇了他作爲繼承人呢？這也是縈繞在不少歷史學家心裡的一個疑問。由於了無證據，解決這個疑問眞可謂是茫無頭緒。啓功先生告訴我們，嘉慶的生母是乾隆三下江南帶回的江南曲藝藝人，很受乾隆的寵愛。這自然就會引起後宮風波。更何況，她還誕育了皇子，自己又是漢人，因此，嘉慶的生母最終成了後宮政治的犧牲品，被皇后毒斃。乾隆後來廢掉皇后，再也不立正宮，加倍愛待自己心愛的妃子所生的兒子。由於這段外人無由得知的因緣，皇位才落到了嘉慶的頭上。我們知道，孫殿英盜掘清陵，乾隆愛妃是不能放過的，在脫下她的鞋子找寶時，發現是小腳。須知，滿族女子是不纏腳的。因此，嘉慶生母是漢人應該是沒有問題的歷史事實。

光緒皇帝究竟是否被慈禧毒殺，更是中國近代史上的一大公案，衆說紛紜，莫衷一是。我個人以爲，啓功先生提供的說法具有極其重要的價值。啓功先生的曾祖溥良歷任要職，在慈禧和光緒先後駕崩之際，正在禮部尚書任上，日夜守候在慈禧所住的樂壽堂外。請看啓功先生敘述的：「就在宣布西太后臨死前，我曾祖父看見一個太監端著一個蓋碗從樂壽堂出來，出於職責，就問這個太監端的是什麼，太監答道：『是老佛爺賞給萬歲爺的塌喇』。『塌喇』在滿語中是酸奶的意思。——但是光緒被軟禁在中南海的瀛台，之前也從沒聽說他有什麼急症大病——但送後不久，就由隆裕皇后的太監小德張向太醫院正堂宣布光緒皇帝駕崩了。」這個千古疑案，當然不可能有什麼眞實的記載。「但光緒帝在死之前，西太后曾親賜他一碗『塌喇』，確是我曾祖親見親問過的。這顯然是一碗毒藥。」

作爲歷史學家，面對絕對不可能有眞實史料的情況，如果連這樣的材料都不採信，而是一味地以「愼重闕疑」來掩蓋束手無策的窘態，豈不是太可悲了嗎？

世人喜言歷史的「本質」和「現象」，我則不敢贊一詞：「本質」大概是只有黑格爾那樣的曠世哲人才能領悟的，就算可信吧，卻實在不可愛；至於「現象」，恐怕是時下流行的那些清宮劇的導演編劇所喜聞樂見的，就算可愛吧，卻實在不可信。《啓功口述歷史》告訴我們的，正是可信而復可愛的歷史的「實相」。別人怎麼樣，我不知道。我自己，非常地喜歡。

台灣版《末那皈依》後記

二〇〇六年，大陸的上海書店出版社出版了我的《末那皈依》，收錄的都是我近幾年發表的評述、回憶、紀念前輩和師友的文字。這些文字當然談不上完美，但是，我自己卻特別地看重，很有點敝帚自珍。

大陸版刊出後，多少引起了一些注意和反響，蒙好幾位相識或不相識的朋友垂青，撰寫了好幾篇評論和介紹的文章。對此，我深表感激。

然而，今天呈現在台灣朋友面前的這本《末那皈依》雖然沿襲了大陸版的書名，內容編排卻是煥然一新的了。這要感謝大塊文化的徐淑卿小姐，她以無懈可擊的專業素養和敬業精神，不僅與我保持頻繁的聯繫，而且還就台灣本的編定提出了出色的建議。我完全接受，因爲，徐小姐肯定比我更瞭解台灣的讀者。

我還要感謝大塊文化的創始人郝明義先生，我是郝先生衆多的大陸友人中的一個。郝先生每次來到上海，都會爲上海讀書界帶來一次雅聚、一場盛會。他的儒雅、開朗、謙抑，都讓我仰慕。同時，我也從郝先生本人的著作中受益良深。

二〇〇八年七月四日，我有幸作爲海峽兩岸首次直航團的一員，平生第一次踏上了美麗的寶島台灣。就從那一刻起，我就迷上了這塊神奇而瑰麗的土地。古人有「溫卷」、「行卷」之說，只不過，古人的「溫」、「行」都是朝向手握選政，或者對選政有影響的官員的。我也願意將這本台灣版的《末那皈依》視作特別的「卷」，而我的「溫」和「行」卻是恭敬地朝向美麗台灣的讀者朋友的。

Passion 20

末那皈依

作者：錢文忠
責任編輯：徐淑卿
校對：呂佳眞
封面設計：張士勇工作室
法律顧問：全理法律事務所董安丹律師
出版者：英屬蓋曼群島商網路與書股份有限公司台灣分公司
台北市10550南京東路四段25號11樓
TEL：886-2-25467799 FAX：886-2-25452951
email：help@netandbooks.com
http://www.netandbooks.com

發行：大塊文化出版股份有限公司
台北市10550南京東路四段25號11樓
TEL：886-2-87123898 FAX：886-2-87123897
讀者服務專線：0800-006689
email：locus@locuspublishing.com
http://www.locuspublishing.com
郵撥帳號：18955675
戶名：大塊文化出版股份有限公司

總經銷：大和書報圖書股份有限公司
地址：台北縣新莊市五工五路2號
TEL：886-2-89902588
FAX：886-2-22901658

製版：瑞豐實業股份有限公司

初版一刷：2008年11月
定價：新台幣250元
ISBN：978-986-6841-31-6

國家圖書出版品預行編目資料

末那皈依／錢文忠著. -- 初版. -- 臺北市：
網路與書出版： 大塊文化發行，2008.11
面；公分. --（passion；20）

ISBN 978-986-6841-31-6（平裝）

1. 學術思想 2. 人文思想 3. 文集

112.8 97019739